Wie werd' ich meinen Mann los?

Kris Krenn

Wie werd' ich meinen Mann los?

Eine humorvolle Anleitung für Frauen, die ihn doch behalten wollen

Orac
WIEN • MÜNCHEN • ZÜRICH

Für meine Eltern, die es in jahrzehntelanger Ehe nicht geschafft haben, einander loszuwerden, und trotzdem noch liebevoll miteinander umgehen, und für meinen Mann, den ich herzlich gerne behalten möchte.

Alle Angaben in diesem Buch wurden von der Autorin und vom Verlag sorgfältig geprüft. Eine Garantie kann dennoch nicht übernommen werden. Eine Haftung der Autorin bzw. des Verlages und seiner Beauftragten für Sach-, Vermögens- und Personenschäden ist ausgeschlossen.

Dieses Buch entstand unter Mitarbeit von
Diplompsychologin Alexandra Krenn

ISBN 3-7015-0390-7

Schutzumschlaggestaltung: Katharina Uschan
unter Verwendung eines Fotos der Image Bank, Wien
Satz: Zehetner Ges. m. b. H., A-2105 Oberrohrbach
Druck und Bindung: Wiener Verlag, Himberg bei Wien

Inhaltsverzeichnis

Kapitel 1
Paar-weise

Um ihn loswerden zu können, muß man ihn zuerst einmal haben. Den, der sich dann doch nicht als Märchenprinz entpuppt. Allerdings, wenn Sie schon einen Mann haben, können Sie das erste Kapitel überspringen.
Früher war es einfach, wie wir ja aus Erzählungen und Berichten wissen. Da brauchte man sich gar nicht zu bemühen, den Richtigen zu finden. Eltern oder Vorgesetzte nahmen diese Last liebenswürdigerweise auf sich und kümmerten sich darum. Ja, man wurde erst gar nicht nach Vorlieben gefragt. Was allerdings rückblickend auch einen Vorteil hatte. Man mußte sich später keine Vorwürfe machen oder – schlimmer noch – von Freunden und Familie sagen lassen, daß man sich den Falschen ausgesucht habe.
Das Präludium, nämlich die Zeit der Romantik und des Kennenlernens, wurde praktischerweise übersprungen, und man landete gleich im Alltag. Und wenn „er" ein Frosch statt des erhofften Prinzen war, mußte man sich eben daran gewöhnen. Man mußte sich gar nicht erst um Alternativen kümmern. Denn in der Regel gab es keine. Ja, ja. So schlicht und einfach war das. Damals.
Heute hat man es wirklich schwer mit der Partnersuche, obwohl man ja schon sehr früh anfängt zu üben. Der Kampf gegen die Konkurrenz ist ein lebenslanger. Wohl behaupten Experten, die Sexualität erwache erst zu dem Zeitpunkt, wo die Hormone mitmischen. Das ist glaubwürdig. Aber darüber, in welchem Alter das „Verliebtsein" beginnt, gibt es wenige – wenn überhaupt – wissenschaftliche Arbeiten. Hier sind die eigenen Erfahrungen aufschlußreich. Welches kleine Mädchen hat sich nicht – kaum dem Babyalter entschlüpft – extra schön gemacht, vorzugsweise mit Mamis Schuhen und Make-up, um dem Papi zu gefallen? Und wer hat sich nicht in der Grundschule in den tollen Herrn Leh-

rer verliebt? Meiner hatte ein wunderschönes rotes Gesicht und gelbe Locken, und als ich dahinterkam, daß er meinen Einladungen zum Tee nach Hause nur deshalb folgte, weil er ein Auge auf mein Kindermädchen geworfen hatte, brach meine kleine, damals noch ganz heile Welt zusammen, und ich machte die erste schmerzliche Bekanntschaft mit dem großen Irrtum.

Wer von Ihnen, liebe Leserinnen, lebt noch mit dem ersten Geliebten in zweisamer Eintracht? Gehören Sie zu jener Handvoll, die sich gleich von Anfang an nicht geirrt hat? Mußten Sie nur einen einzigen Frosch küssen, um Ihren Märchenprinzen zu finden? Dann ist eine Gratulation angebracht, und Sie lesen im falschen Buch.

Daß aber die Chance, irgendwann den Partner fürs Leben zu finden, immer noch relativ groß ist, beweist die Tatsache, daß immerhin zwei Drittel der geschlossenen Ehen in Deutschland (in Österreich etwas weniger) aufrecht bleiben, „bis daß der Tod sie scheidet". In den Großstädten ist es für Paare schon etwas schwieriger geworden. Hier sind die Verlockungen vielfältiger, die Auswahl an bindungswilligen Männern und Frauen ist größer und der Konkurrenzkampf am Höhepunkt. Da schafft nur mehr die Hälfte der Paare eine lebenslange eheliche Bindung.

Wie man aber ohnehin weiß, sind lebenslange Beziehungen etwas, was die Natur, von wenigen Ausnahmen abgesehen, nicht vorgesehen hat. Im Tierreich paart man sich ausschließlich der Fortpflanzung wegen. Nur Tauben, Wale und Wölfe paaren sich fürs Leben. Auch bei den Graugänsen gibt es ähnliche Ansätze. Nun hat man aber erforscht, daß es Gänsen in erster Linie darauf ankommt, als Paar aufzutreten, denn im Duett kann man sich eher behaupten denn als Einzelgänger. Und wenn gerade kein andersgeschlechtlicher Partner zur Verfügung steht, tut es auch ein gleichgeschlechtlicher. Es zählt nur, daß man nicht als Single gegen die Welt kämpfen muß. Und Singles haben in der Grauganswelt einen eindeutig niedrigeren Gesellschaftswert als Paare. Besser irgendein Partner als gar keiner. Das jedenfalls sa-

gen die Graugansforscher. Aber auch Menschen teilen oft die Ansichten der Graugänse, wie man immer wieder miterleben kann.
In der sogenannten „zivilisierten" Welt hat sich das gesellschaftliche Bild von Mann und Frau in den letzten Jahren rapide geändert, und mittlerweile ist es sogar schick, „Single" zu sein. Die Industrie erlebt gerade einen Boom auf diesem Sektor: Es gibt Singleclubs, Kochbücher für Singles, Kredite für Singles, Reisearrangements für Singles, der Immobilienmarkt ist überflutet mit Singlewohnungen, und in Amerika hat die Öffentlichkeit fast mehr Sympathien für einen „single parent" oder Alleinerzieher als für ein geplagtes Elternpaar.
Meistens versuchen Singles sich einzureden, daß sie genau das Leben führen, das sie sich freiwillig ausgesucht haben. Aber Singles sind öfter krank als Menschen, die eine Lebensgemeinschaft teilen, und frönen auch öfter Suchten wie Nikotin oder Alkohol.
Seien wir doch ehrlich: Wer wünscht sie sich nicht, die Beziehung ohne Ablaufdatum? Und viele von uns – und in diesem Buch geht es ja in erster Linie um Frauen – geben es oft ein Leben lang nicht auf, den Mann zu suchen, mit dem man alt werden will. Somit ist die Chance relativ groß, daß man sich unterwegs ins falsche Herz verirrt und dann nur mühevoll wieder den Weg heraus findet.
Wie machen das die Männer nur, daß wir Frauen doch immer wieder dahinschmelzen, auch wenn wir uns noch so oft vornehmen, daß wir beim „nächsten Mal" nicht mehr auf die übliche simple Anmache reinfallen? Denn, unter uns: Manchmal kann man uns schon mit den simpelsten Methoden einfangen. Zum Beispiel mit der bewährten Rosenkavaliermethode. Welche Frau wird nicht schwach, wenn „er" dem Rosenverkäufer im Nachtlokal gleich den ganzen Strauß abnimmt? Nebenbei bemerkt, passiert das meistens nur ein einziges, nämlich das erste Mal im Laufe einer Beziehung. Denn wenn es tatsächlich zu einer Beziehung kommt, ist die Investition voll aufgegangen, und wir können uns

glücklich schätzen, wenn wir überhaupt noch dann und wann eine Rose bekommen.
Die bewährten Methoden, sein Singledasein zu beenden, sind mannigfaltig. Der Büchermarkt ist überschwemmt mit Literatur über den „Partnerfang". Jede Menge Autorinnen und Autoren behaupten zu wissen, was sich Männer von uns Frauen wünschen, was man beim nächsten Mal alles anders machen soll, wie man mit Männern richtig umgeht, die ja angeblich vom Mars stammen und nicht von der Venus wie wir Frauen, und wie es den Männern mit den Frauen wirklich geht. Andere wieder versuchen glaubwürdig zu belegen, daß die Kunst, als Paar zu leben, mit etwas Nachsicht und Einfühlungsvermögen doch für jedermann und -frau erlernbar sei. Und wer will schon freiwillig auf diesen Kunstgenuß verzichten? Daß es ja immer wieder klappt, zumindest auf Zeit, wissen wir, wenn schon nicht aus eigener Erfahrung, dann zumindest aus der Statistik.
Also, Sie wollen sich Ihren Traummann angeln? Den, den Sie später vielleicht ohnehin wieder loswerden wollen? Ihn zu finden, ist lange nicht so schwierig, wie es im allgemeinen dargestellt wird. Man muß es nur richtig angehen. Schließlich suchen Sie vorerst ja nur einen einzigen Mann und nicht gleich mehrere. Das wäre ohnehin nicht empfehlenswert . . .
Mit der Partnersuche ist es nicht viel anders als mit der Suche nach einer neuen Wohnung, einem neuen Job, einem neuen Auto oder einem neuen Ballkleid. Bei diesen Dingen spart man für gewöhnlich weder Zeit noch Mühe, um etwas Optimales zu finden. Man sinniert, recherchiert und probiert und findet es auch selbstverständlich und ganz normal, Freunde um Rat zu bitten. Nur bei den Männern denkt man immer, irgendwann wird schon der Richtige kommen. Zugeben, daß sie auf Partnersuche sind, wollen nur die wenigsten. Man belügt sich selbst und den wohlmeinenden Freundeskreis mit Erklärungen wie „bin ich froh, daß ich mich nicht nach einem Mann richten muß" oder „ich kann mir gar nicht vorstellen, mit jemandem zusammenzuleben.

Ich komme ja schon mit mir allein oft nur schwer zurecht". Und so lassen wir es die anderen meistens gar nicht wissen, daß wir doch allzugern jemanden hätten, um die Alleinsamkeit zu teilen. Dabei könnte es doch tatsächlich sein, daß gerade die beste Freundin Ihres besten Freundes genau den Richtigen für Sie wüßte. Aber glauben Sie mir – freiwillig rückt die niemals mit Ihrem Traummann heraus. Das weiß schon Ihr bester Freund zu verhindern. Männer nehmen nämlich Frauen, die kuppeln, nicht ernst. Und wenn sie dennoch ihre Traumfrau durch eine kleine Kuppelei kennengelernt haben, geben sie es nur ungern zu. Dabei konnte man früher sogar den sogenannten Kuppelpelz verdienen. Kennen Sie das Erfolgsmusical „Anatevka"? Die Geschichte ist gar nicht so weit entfernt vom Leben, wie es zumindest in jüdischen Gemeinden einmal war. Da war die Kupplerin eine der wichtigsten und angesehensten Personen der Gemeinde. War sie doch häufig für das Glück der jungen Leute verantwortlich. Dafür wurde sie auch fürstlich bezahlt. Inzwischen ist das Wort „Kupplerin" schon fast zum Schimpfwort geworden. Kein Wunder, daß man sich hütet, eine zu sein.

Kapitel 2
Bewährte Angelmethoden

Meistens kommt der Traummann nicht von selber, schon gar nicht, wenn er zusätzlich alle Kriterien erfüllen muß, die wir von ihm erwarten. Also beschweren wir uns einfach, daß es keine guten Männer gibt, und somit ist die Sache vorerst erledigt. Aber glauben Sie mir: Genausowenig wie eine Luxuswohnung, ein toller Job oder ein Sportwagen frei ins Haus geliefert wird, geschieht es mit dem Traummann. Auch um ihn muß man sich bemühen, ja manchmal sogar um ihn kämpfen. Es sei denn, Sie stehen auf Briefträger, Kaminkehrer, Elektriker, Klempner, Zettelverteiler oder Geldeintreiber. Dann könnte – ja, es könnte sein, daß mal einer vorbeikommt. Aber wenn Sie sich darauf verlassen wollen, können Sie genausogut anfangen, Frösche zu küssen. Denn die Chance, daß sich der Märchenprinz unter einer Handwerkerkleidung versteckt und ausgerechnet an Ihrer Türklingel läutet, ist ziemlich gleich groß, denke ich. Also verlassen Sie sich nicht allzusehr auf den Zufall, und überlegen Sie sich genau, was Sie wollen. Dann können Sie sich mit Zuversicht auf die Suche machen. Und Sie werden mit Sicherheit fündig werden.
Wenn Sie die Partnersuche oberflächlich und unseriös angehen, wird Ihnen möglicherweise das passieren, was meinen drei Journalistinnenfreundinnen passiert ist.
Rita, Susanne und Elke wollten genau das wissen, was wir uns alle fragen: „Wo findet man die tollen Männer?" Zeitungsgeschichten entstehen häufig aus dem Grund, weil jene, die sie schreiben, selbst etwas herausfinden wollen. Also beschlossen die drei, gemeinsam einen Artikel über den Traummann für eine populäre Frauenzeitschrift zu schreiben. Bei einer Brainstorming-session waren sie sich absolut einig, wie er aussehen und welche Charaktereigenschaften er haben sollte. Dann beschlossen sie, jede für sich auf Auf-

riß zu gehen, „ihn" zu finden und zu einer gemeinsamen Begutachtung zu bringen. Sie gaben einander eine Woche Zeit für den „Männerfang", wobei selbstverständlich klar war, daß man in so kurzer Zeit nicht wirklich in die Tiefe gehen kann. Aber die Story sollte ja keine wissenschaftliche Abhandlung sein.

Da es für die drei ein Job und keine echte Partnersuche war, hatten sie großen Spaß bei diesem Unterfangen. Was nicht heißen soll, daß die ernsthafte Partnersuche keinen Spaß machen soll. Im Gegenteil. Ernst sollen nur Ihre Absichten sein. Nicht aber die Ausführung. Jedenfalls, das Trio konnte die natürliche Scheu, die Frauen für gewöhnlich haben, jemanden anzusprechen, relativ leicht überwinden, „weil es ja nicht ernst gemeint war". Und genau das sollte man sich bei der Partnersuche immer vor Augen halten: Es ist keine todernste Sache! Wenn es nicht Spaß macht, hat man die falsche Richtung eingeschlagen und sollte das Unterfangen noch einmal und von einer anderen Seite angehen. Nämlich von der angenehmen. Denn alles, was unangenehm ist, sollte man sich nicht freiwillig antun. Das tut das Leben ohnehin von selber, ohne daß man sich auch noch darum bemühen muß.

Die Anfangsproblematik bei der Partnersuche ist in erster Linie eine selbstauferlegte. Schon ab dem Augenblick, wo wir ein „Opfer" im Visier haben, fürchten wir die Abfuhr. Eine Urangst des Menschen ist die Angst, nicht geliebt zu werden. „Was mache ich, wenn ich ihm nicht gefalle? Was ist, wenn ich mich in ihn verliebe, er mich aber nicht liebt? Wie soll ich es den anderen erklären, wenn ich mich mit ihm einlasse, und dann verschwindet er? Was ist, wenn . . ." usw. Man wird sozusagen schon naß, ehe es zu regnen begonnen hat. Und diese Ängste wirken sich selbstverständlich auch auf das Auftreten auf. Denn sobald wir uns unsicher fühlen, sind wir auch schon in der schwächeren Position. Also, warum nicht ganz einfach den Spieß umdrehen? Sobald Sie das Objekt Ihrer Begierde gefunden haben, betrachten Sie sich als jemanden, der einen Job zu vergeben hat: nämlich den Ihres Liebhabers. Also eine Spitzenposition. Deshalb dürfen Sie sich auf keinen Fall in der Rolle der Bittstellerin sehen, die auf seine Gunst und Liebe hoffen muß. Sehen Sie sich ja nicht als das zarte, zerbrechliche Blümchen, das nur darauf wartet, gepflückt zu werden. Vergessen Sie, was wir Frauen seit Generationen gepredigt bekommen: daß wir froh sein müssen, wenn wir einen finden, der uns will. Löschen Sie diesen Satz ein für allemal aus Ihrem Gedächtnis. Sie sind auf der Suche und dürfen deshalb auch alle Ansprüche stellen. Und wenn er diese Ansprüche erfüllt, dann bekommt er den Job. Aber er muß sich bewähren und die lebenslange Anstellung verdienen.

Doch zurück zu den Freundinnen und ihrer Story. Für das Spiel, das die drei Journalistinnen vorhatten, hatten sie die Karten in der Hand. Sie mußten sich nicht vor dem „Nicht-geliebt-Werden" oder „Fallengelassen-Werden" fürchten. Die einzige Befürchtung, die sie hatten, war, die Geschichte nicht rechtzeitig in Druck zu bringen.

Elke versuchte ihr Glück in diversen „In"-Lokalen. Zum Glück lebte sie in einer Großstadt, wo das Angebot an solchen Lokalen vielfältig ist. An den ersten vier Tagen, in denen sie unzählige Mineralwässer und Orangensäfte in sich hineingekippt hatte, wurde sie zwar von den unmöglichsten und einigen möglichen Typen angequatscht, aber ein passendes Opfer war nicht wirklich dabei. Samstag nacht ging sie in ihre Lieblingsdisco. Sie stellte sich zum DJ, wo sie einen hervorragenden Überblick über das Lokal hatte. Zum Glück paßte dann ihr siebenter Tanzpartner ziemlich genau, zumindest oberflächlich, in das Bild ihres Traummannes. Er sah gut aus, war charmant, lud sie zu den Drinks ein, die sie gemeinsam konsumierten, und schenkte ihr am Ende des Abends sogar eine Rose. Eine weiße, womit er seine Feinfühligkeit beweisen wollte. Er machte sie sogar darauf aufmerksam, daß eine rote am ersten Abend einfach zu direkt gewesen wäre. Aber als er sie lange nach Mitternacht vor ihrer Wohnungstür absetzte, war er alles andere als zurückhaltend. Sie konnte sich nur schwer aus seiner Umarmung befreien, und hätte er noch länger insistiert, wäre sie vielleicht schwach geworden. „Schade, daß der Abend so unvollendet endet“, meinte er etwas gekränkt. Elke, die sich sonst nicht vor Abenteuern scheute, wollte einfach keine Affäre wegen einer Story beginnen. Das gehörte zu ihren Prinzipien. Also vertröstete sie ihn auf ein anderes Mal. Was sie ja auch wirklich ernst meinte.

Rita suchte ihren Traummann in Fitneßclubs. Sie gab vor, Mitglied werden zu wollen, und verbrachte jeden Abend in einem anderen Club. Nach fünf Abenden und einem beachtlichen Kater in jeder einzelnen Faser ihrer Muskeln versagte ihr linker Knöchel, und sie knickte so unglücklich um, daß sie nicht mehr stehen konnte. Der Zufall wollte es, daß sie nicht alleine zur Unfallambulanz mußte. Helmut, der Shiatsu-Masseur des Clubs, hatte gerade Dienstschluß und bot sich an, Rita zu begleiten. Er chauffierte sie und war rührend. Noch dazu sah der blonde, bodygestylte Hüne unglaublich gut aus und zeigte eine Engelsgeduld, indem er in der Ambulanz über eine Stunde mit ihr wartete. Dabei hatten sie Zeit, sich ein wenig kennenzulernen. Er hatte nicht nur eine Shiatsu-Ausbildung, sondern war nebenberuflich auch Schauspieler und Tänzer und wollte am nächsten Tag zu einem Musical casting. Rita sprach ihm Mut zu, und endlich wurde sie verarztet. Zum Glück wies die Röntgenaufnahme keine Knochenverletzung auf, und es schien, daß sie mit einer leichten Zerrung davongekommen war. Weil aber der Abend nur halb vorüber war, nahm sie die Chance wahr und lud Helmut noch zu einem Drink in eine Bar ein. Dort, dachte sie, gäbe es sicher auch noch einige Männer zur Auswahl. Außerdem geht sie nicht gerne alleine in Bars.

An diesem Abend sah sie auch wirklich noch einige Männer, die ihr gefielen und die sie vielleicht angesprochen hätte, wäre da nicht Helmut gewesen. Wozu sollte sie noch lange weitersuchen? Er paßte in allem genau in ihr Schema vom Traummann. So schwierig war es also gar nicht gewesen, ihn zu finden.

Sie verbrachte einen wunderbaren Abend mit ihm. Er war

ein Mann, mit dem man über alles reden konnte. Das tat sie auch. Fast kam es ihr vor, als wäre sie mit ihrer besten Freundin unterwegs. Helmut war ihr in wenigen Stunden zum Vertrauten geworden. Und es war fast Morgengrauen, als er sie nach Hause begleitete. Nach einem zarten Kuß auf die Wange bot sie ihm noch an, einen Kaffee zu kochen, da es ja schon fast Zeit fürs Frühstück war. Nur als Test, dachte sie. Und er bestand ihn. Er bedankte sich und meinte, sie müsse ihren Knöchel jetzt ein paar Tage schön brav schonen, und er würde sich bei ihr melden. Außerdem sei es ohnehin schwer fahrlässig gewesen, nicht schon längst im Bett zu liegen, wo er doch für das Casting fit sein müsse.
Er meldete sich tatsächlich noch am selben Tag und erzählte ihr erfreut, daß er zwar keine Haupt-, aber doch eine kleine Rolle bekommen habe, und erkundigte sich besorgt nach ihrem Wohlbefinden. Rita war mehr als angetan von Helmut. Den wollte sie wiedersehen, beschloß sie.
Susanne hatte es am schwersten von den Kolleginnen. Sie lief in der Stadt herum, ging in Herrenboutiquen, verfolgte einsam aussehende Herren in Supermärkten, die sich aber dann an der Kasse mit ihren Angetrauten trafen, setzte sich spätnachts in Single-Bars und versuchte es sogar in Fastfood-Restaurants. Aber auch dort traf sie niemanden, der auch nur annähernd so aussah wie einer, den sie suchte. Müde und abgespannt wollte sie sich eben an einen Tisch setzen, als jemand zaghaft auf ihre Schulter klopfte. Zuerst erkannte sie Walter, einen alten Schulkollegen, kaum, weil er in den zwölf Jahren seit dem Abitur ziemlich kahl geworden war und sie ihn seither nie wiedergesehen hatte. Er war gerade auf Mittagspause, also verdrückten sie gemeinsam ihre Sandwiches auf den unbequemen Barhockern. Sie war nahe dran, ihm über ihre Recherchen zu erzählen, ließ es aber doch bleiben. Also plauderten sie über alte Zeiten und über Beziehungsprobleme. Seine Freundin hatte ihn gerade wegen eines anderen Typen verlassen. Auch sie erzählte von ihrer letzten Beziehung, die vor nicht allzu langer Zeit in die Brüche gegangen war. Dann, als sie sich einig waren, daß

Männer und Frauen ganz einfach von verschiedenen Planeten stammen und nicht dieselbe Sprache sprechen, fanden sie doch ausreichend gemeinsame Themen. Und als seine Mittagspause beendet, aber der Gesprächsstoff noch nicht aus war, beschlossen sie, sich auch zum Abendessen zu treffen.
In der Stunde vor dem Wiedersehen mit Walter kam sie sich vor wie ein Teenager. Sie zog sich dreimal um, konnte sich nicht entscheiden, wie sie sich schminken sollte, und bekam schließlich ihren kühlen Kopf zurück, indem sie sich sagte, Walter sei nichts weiter als ein alter Schulfreund, und das Treffen fände einzig und allein wegen der Geschichte statt. Außerdem sah er nicht so aus wie jemand, der ihr Herzklopfen machen könnte. Trotzdem . . . Man kann sich ja schließlich und endlich auch für alte Freunde oder sogar für sich selbst schönmachen, meinte sie dann, und setzte es auch in die Tat um. Sie war selbst überrascht, wie blühend sie aussah. Ihre Wangen glühten förmlich, so daß sie vollkommen auf das Rouge verzichten konnte.
Drei Tage später sah sie Walter mit vollends anderen Augen als im Fast-food-Laden. Er war innerhalb kurzer Zeit in Richtung Traummann avanciert. Endlich einmal einer, dem es nichts ausmachte, seine Seele zu entblößen. Ein Thema, womit ja viele Männer Schwierigkeiten haben, weil sie eben häufig den Eindruck des Bärenerlegers oder zumindest des Marlboromanns erwecken wollen. Das fiel bei Walter weg. Und während sie entdeckten, daß sie ähnliche Freizeitinteressen hatten, reparierte er nebenbei einen tropfenden Wasserhahn, wechselte alle kaputten Glühbirnen in ihrer Wohnung aus und sah noch dazu ganz appetitlich aus in seinen Boxershorts. Auch hatte sie ihn überreden können, die Resthaare, die ihm am Kopf geblieben waren, abzurasieren, so daß er plötzlich einen ganz anderen Look hatte und sich viel wohler fühlte als zuvor.
Dann kam das große Finale. Wie geplant, trafen sich die Mädels gemeinsam mit ihren „Traummännern“. Selbstverständlich rein „zufällig“ im vorher genau abgesprochenen

Lokal. Die Männer wußten zu diesem Zeitpunkt natürlich nicht, daß sie die Hauptdarsteller einer Frauenzeitschriftengeschichte waren. Und schon gar nicht wußten sie, daß ihr Auftritt einzig und allein dem Zweck diente, von den jeweils beiden anderen Frauen unter die Lupe genommen zu werden.
Nach einem vergnüglichen mehrgängigen Essen legten die Journalistinnen die Karten auf den Tisch. „Jetzt noch eine Flasche Champagner, aber vom feinsten. Die Rechnung geht auf die Redaktion", verkündete Susanne, als sie ihre Kamera zückte. „Das wird der Knüller des Monats", meinte Rita.
Doch dann kamen die Überraschungen – eine nach der anderen. Die Fassaden der „Traummänner" begannen wie alter Lehm abzubröckeln. Elkes charmanter Tanzpartner und Rosenkavalier wollte auf keinen Fall für die Zeitschrift abgelichtet werden. So toll sei er doch auch wieder nicht, wollte er ihnen bescheiden vormachen. Und – ist es unbedingt nötig, ein Foto zu schießen? Als Susanne lachend den Auslöser klickte, wurde er zornig. Er würde gewaltigen Ärger mit seiner zickigen Ehefrau bekommen, pfauchte er die verdutzte Elke an, und was bilde sie sich überhaupt ein, ihn so an der Nase herumzuführen. Sie war es ja, die ihn angemacht hatte. Es sei ja schließlich kein Verbrechen, einen netten Abend in einer Disco zu verbringen. Sie habe ihn ja nicht gefragt, ob er verheiratet sei, und es scheine ihr ganz recht gewesen zu sein, daß er sich um sie gekümmert hatte. Man habe ihr doch schon meilenweit ansehen können, daß sie ganz geil auf ihn gewesen sei. Und außerdem sei ja so und so nichts passiert. „Blöde Weiber", meinte er dann noch im Gehen.
Elke war wie vor den Kopf geschlagen. So also hatte er es verstanden. Aber er hatte ja recht. Sie hatte ihn wirklich nicht nach seinem Privatleben gefragt. Er sollte ja auch nur Teil einer Story werden und nicht Teil einer Liebesgeschichte. Aber sie wurde trotzdem das Gefühl nicht los, daß sie alles falsch gemacht hatte.
Auch dem sanften Shiatsu-Masseur war nicht ganz wohl bei

der Sache. Zwar hatte er nichts dagegen, fotografiert zu werden, stotterte er betroffen, aber eigentlich passe auch er nicht in das Bild des Traummannes. Zumindest nicht so, wie Rita und ihre Freundinnen sich das vorgestellt hatten. Sie solle ihn aber bitte nicht falsch verstehen, meinte er verlegen. Er fände sie zauberhaft und könnte sich glatt in sie verlieben, wenn – ja wenn er mit seinen Neigungen nicht eher in eine Herrenzeitschrift passen würde als in ein Frauenmagazin. Aber das sei eine andere Geschichte, oder? Dafür wäre er jedoch jederzeit zu haben und könne noch mehrere interessante Interviewpartner dazu gewinnen ... Outing sei ja „in".

Als einziger konnte Susannes Schulkollege keine gröberen „Mängel" aufweisen, außer daß er den beiden anderen Freundinnen vom Aussehen her rein gar nicht gefiel. Aber das hatten sie Susanne schon vor dem Debakel auf der Damentoilette gestanden. „Er hat ja eine Glatze – und wie der sich anzieht ...", meinte Karin. Susanne konterte mit der Erklärung, daß sie aufgrund des Zeitdrucks, einen Traummann zu finden, keine Zeit gehabt habe, an der Oberfläche zu verweilen. Und außerdem, warum solle man sich an einem Strickpulli und Jeans stören, wenn man sie doch so problemlos in ein Designer-Outfit ändern könne. Es sei wohl keine Kunst, sich einkleiden zu lassen. Also an solchen Banalitäten würde sie ihren Traummann ganz sicher nicht messen. Susanne sagte, sie sei ohne Umwege direkt zum Kern gegangen. Und der passe genau in ihre Vorstellungen.

Die Story, so wie sie geplant war, fiel natürlich ins Wasser. Aber sie wurde durch eine viel bessere ersetzt – Susanne und Walters wahre Liebesgeschichte. Und sie brachte den Beweis, daß man manchmal gar nicht so lange suchen muß, um den Richtigen zu finden. Man muß ihn nur erkennen. Und das ist oft der schwierigste Teil des Unterfangens.

Bis jetzt ist Susanne Walter nicht losgeworden. Aber sie hat sich, ehrlich gesagt, auch nicht wirklich darum bemüht.

Auf einen Blick

- Machen Sie kein Geheimnis daraus, daß Sie auf Partnersuche sind, sonst kann Ihnen niemand dabei helfen.
- Nehmen Sie die Partnersuche zumindest ebenso ernst wie die Suche nach einer Wohnung oder nach einem Job.
- Stellen Sie ruhig Ansprüche. Schließlich geht es ja um ein Spiel, in dem Sie selbst der Haupttreffer sind.

Kapitel 3
Der Traummann

Früher mußte ein Mann in erster Linie Bären erlegen können und viele Haare auf der Brust haben. Heute hat er es viel schwerer, „seinen Mann zu stehen", als jemals zuvor. Der Leistungsdruck auf den Mann hat dramatisch zugenommen.

Wer heute als toller Mann dastehen will, braucht ein schnelles Auto, ein dickes Konto, einen eigenen Fitneßtrainer, einen arrivierten Schneider und einen flotten Spruch auf der Lippe. Und er muß das richtige After-shave verwenden. Dann hat er selbstverständlich auch an jedem Arm eine tolle Frau. So zumindest wird uns das von den Medien präsentiert. Was aber stellen sich die meisten Frauen unter einem „tollen" Mann vor? Machen Sie doch einmal eine Umfrage bei Ihren Freundinnen. Ich habe es getan. Und ich war nicht wenig überrascht über die Vielfalt der Antworten. Frauen sind nicht so fixiert wie Männer. Er soll groß und dunkel sein, aber etwas kleiner und blond ist auch kein Problem. Er soll schlank sein, aber wenn nicht, dann macht es auch nichts. Es wird schon irgendwie möglich sein, ihm ein paar Kilos hinunterzuhungern. Er sollte fülliges Haar haben, aber wenn er ein wirklich toller Mann ist, stört auch eine Glatze nicht. Er soll sich gepflegt kleiden, aber auch Jeans sind o. k., solange sie sauber sind. Er soll gebildet und großzügig sein, aber Sparsamkeit ist auch kein Fehler. Natürlich soll er sanft, liebe- und verständnisvoll sein, aber kein Waschlappen. Er soll sich nicht zu intensiv für andere Frauen interessieren, aber gefallen soll er ihnen trotzdem. Er soll romantisch sein, aber dennoch mit beiden Beinen fest auf dem Boden stehen. Er soll ein Sportauto fahren, aber ein Geländewagen ist auch in Ordnung. Und sollte er nur einen alten Gebrauchtwagen haben, so ist das kein wirkliches Hindernis zur trauten Zweisamkeit. Einerseits soll er einen selbständigen Beruf haben, andererseits hat er weniger Sorgen, wenn er einen Dienstgeber hat und sich nicht um alles selber kümmern muß.

Und er soll keinesfalls an eine andere Frau gebunden sein, wobei die Interviewten hier einen Unterschied machten zwischen verheirateten Männern und solchen, die „nur" in einer Lebensgemeinschaft leben.

Die verheirateten Männer sind jedenfalls eher tabu als jene, die ohne Trauschein gebunden sind. Es scheint also, daß Paare ohne Trauschein von der Außenwelt doch nicht so ernst genommen werden, zumindest was die Partnerschaft betrifft, wie verheiratete. Nachdem es in Lebensgemeinschaften laut Umfrage in erster Linie die Männer sind, die die Ehe scheuen, könnte es natürlich sein, daß sie Angst haben, auf das andere Geschlecht nicht mehr so interessant zu wirken, sobald sie in einer legalisierten Beziehung leben.

Wenn Sie jemand sind, der nur auf einen ganz bestimmten Typen abfährt – wenn Sie zum Beispiel meinen, Ihr Traummann müsse unter allen Umständen groß, blond, blauäugig, muskulös etc. sein –, dann werden Sie es etwas schwerer haben und vielleicht auch länger brauchen, um „ihn" zu finden. Aber wenn Sie Geduld haben, kommt auch er in Ihre Gasse. Im allgemeinen kann man sagen, daß ein Traummann appetitlich, beschützend, verläßlich, zärtlich, kinder- und tierliebend, humorvoll, verständnisvoll, geduldig, treu, charmant, großzügig, liebevoll, romantisch, leidenschaftlich und potent sein soll. Er sollte Wert auf sein Äußeres legen, selbstverständlich Körperpflege betreiben und nicht zu laut rülpsen oder schnarchen. Er sollte wenigstens die Hälfte der Hausarbeiten übernehmen und finanziell unabhängig sein. Er sollte ehrlich und rücksichtsvoll sein. Alles andere – nämlich eben das, was den Medien am tollen Mann gefällt, sind Draufgaben.

Natürlich gibt es keinen Grund, warum gerade Sie auf die Draufgaben verzichten sollten. Sie haben sie mit Sicherheit verdient. Aber, wie gesagt, in erster Linie müssen Sie für sich Klarheit schaffen, was und wie Ihr Traummann auszusehen und zu sein hat. Denn nur dann können Sie sich gezielt auf die Suche begeben. Also machen Sie sich eine Liste mit den Eigenschaften und Qualitäten, die er haben soll. Vergessen Sie aber nicht die Liste mit akzeptablen Imperfektionen, die er eventuell auch haben darf. Denn wenn ich noch einen Tip geben darf: Wünschen Sie sich keinen absolut perfekten Mann. So einer würde mit Sicherheit erwarten, daß auch Sie perfekt sind. Das ist harte Arbeit und rentiert sich so gut wie nie.

Seien wir doch ehrlich – auch wenn wir vielerlei Wünsche an unseren Traummann haben, ist es doch in erster Linie etwas an seinem Aussehen, das uns vorerst anspricht. Irgend etwas Attraktives hat jeder Mensch. Es müssen nicht immer die blitzblauen oder kohlrabenschwarzen Augen sein. Vielleicht sind es seine starken Hände, seine nicht zu bändigenden Locken, seine tiefe Stimme, sein ausgelassener Humor oder sein stolzer Gang, der Sie fasziniert. Ich habe eine Freundin, die in erster Linie auf die Zähne und Fingernägel schaut. Egal, wie toll der Mann aussehen mag, wenn ihr seine Zähne nicht gefallen und er ungepflegte Fingernägel hat, hat er nicht die geringste Chance bei ihr. Also schreiben Sie auch auf Ihre Liste, was Sie auf jeden Fall stören würde. Überlegen Sie aber auch, was Sie noch als Grenzfall betrachten würden. Wenn Sie zum Beispiel absolut keinen dicken Mann wollen, aber gewillt wären, ihn bei einer Abmagerungskur zu unterstützen, dann verbannen Sie nicht sofort alle übergewichtigen Männer aus Ihrem Blickfeld. Im übrigen sollten Sie viel Wert auf den Weit- oder Vorausblick legen. Sie wollen Ihren Traummann sicher für länger behalten, nicht wahr? Manche Frauen denken dabei sogar an lebenslang. Also, wenn sich das „länger" über Jahre erstreckt, müssen Sie auf jeden Fall damit rechnen, daß sein Lockenkopf ausdünnt, daß seine pechschwarze Mähne ergraut, daß sein durchtrainierter Körper erschlafft, sobald er mit dem Training aufhört – und das tut er häufig, sobald er seine Traumfrau gefunden hat –, und daß sein fotogenes

Gebiß einem Zahnersatz zum Opfer fallen könnte. Andererseits ist es vielleicht doch ratsamer, Ihr Augenmerk auf die Oberfläche zu konzentrieren. Vielleicht sollten Sie auch nur an das Hier und Jetzt denken, denn dann haben Sie vielleicht schneller einen Grund, ihn wieder loswerden zu wollen.

Nicht nur das Äußere zählt, wie wir ja alle wissen. Schon gar nicht, wenn Sie sich erhoffen, daß eine ernste Sache daraus wird. Meine Freundin Iris ist schon in relativ jungen Jahren draufgekommen, wie das ist mit den schönen und weniger schönen Männern. Iris war schon mit neunzehn Jahren ein Topmodel. Eines der Sorte, die auf der Straße entdeckt werden. Mit achtzehn schickten ihre Eltern sie nach Mailand zu einem Italienisch-Sommerkurs. In einer Eisdiele wurde der berühmte Modeschöpfer R., der ein paar Tische weiter saß, auf die große, rassige Schönheit mit den Mandelaugen aufmerksam. Er schickte seinen Assistenten mit seiner Karte zu Iris' Tisch. Zuerst glaubte sie, der Assistent wollte mit ihr scherzen. Charmante Anmache war sie mittlerweile von den Italienern gewöhnt, und sie hatte gelernt, gut damit umzugehen. Aber dann versicherten ihre Freundinnen ihr, daß der gutaussehende Mann drei Tische weiter tatsächlich der berühmte Modedesigner sei.

Schon in der nächsten Saison erweckte Iris Aufsehen auf R.s Laufsteg, und nur einen Sommer später schmückte ihr Titelbild fast alle internationalen Modezeitschriften. Ihr Italienisch hatte sich mittlerweile perfektioniert, und sie verdiente so viel Geld, daß sie ihren Eltern ein Haus auf Mallorca kaufen konnte. Nur mit der Liebe wollte es nicht klappen, obwohl sie sich inmitten der schönsten und reichsten Männer der Welt bewegte. Sie hatte es zwar nett mit ihnen, war aber im Grunde niemals wirklich froh. Die Art des Verliebtseins, die sie noch vor der Zeit ihrer Entdeckung durch R. kannte, war irgendwie verlorengegangen. Sie wurde zu den entlegensten und romantischsten Liebesnestern geflogen und lernte Prinzen und Staatsmänner kennen, von denen sie immer gerne als Aufputz bei Gesellschaften mitgenommen wurde, und wurde berühmter und berühmter. Aber aus jedem Märchenprinzen, den sie küßte, wurde bald danach ein Frosch. Keiner konnte ihr bieten, was sie suchte, denn eigentlich wußte sie es selbst nicht, bis sie Guido in Paris traf.

Guido war Journalist für eine italienische Modezeitschrift und war Gast bei der Prêt-à-porter-Frühlingsshow, um darüber zu berichten. Über ihren Agenten bat er Iris um ein längeres Interview für eine Titelgeschichte. Der Agent sagte in ihrem Auftrag ab, weil sie einfach zu erschöpft war, um sich die Zeit für eine Titelgeschichte zu nehmen. Außerdem war ihr Gesicht so und so auf allen Zeitschriftencovers, ohne daß sie zu langweiligen Interviewterminen mußte.

Man muß bedenken, daß Topmodels oft im Laufe einer Woche bis zu drei Shows pro Tag absolvieren. Das bedeutet zwar ein dickes Bankkonto, aber auch immensen körperlichen und seelischen Streß. Sie müssen immer schön sein, immer lächeln, sich immer perfekt bewegen, müssen unheimlich darauf aufpassen, wie sie sich ernähren, müssen für genügend Schlaf sorgen und müssen stundenlang unter heißem Rampenlicht auf- und abmarschieren. Aber Guido war ehrgeizig und rief so oft in ihrem Hotelzimmer an, bis er sie tatsächlich erreichte. Irgendwie schaffte er es, sie zum Lachen zu bringen. Und da sie hungrig war und keine Lust hatte, im Hotelzimmer zu essen, stimmte sie einem Treffen zu, unter der Bedingung, daß Guido mit ihr in ein Restaurant ging, in dem man sie nicht kannte.

Guido war nicht nur ehrgeizig, sondern auch einfallsreich. Als er sie in ihrem Zimmer abholte, hatte er eine große Papiertüte dabei. Als sie die Tüte mit den Kleidern und der Perücke auspackte, brachte er Iris zum zweiten Mal zum Lachen. Der Verkleidungstrick war zwar ein simpler, aber bisher wollten alle Männer, die mit ihr ausgingen, repräsentieren oder angeben. Guido war etwas kleiner als Iris und keineswegs ein Traummann auf den ersten Blick. Auch hätte sich keine Frau je nach ihm umgedreht. Aber er hatte einen intelligenten Humor und viele von den Charaktereigenschaften, die sich Frauen wünschen, wenn sie vom Oberflächlichen absehen. Iris hatte seine volle Aufmerksamkeit, er war zuvorkommend und unglaublich bemüht, ihr einen netten, interessanten Abend zu bereiten. Er ging auf alles, was sie sagte, ein und schien tatsächlich mit Leib und Seele an dem Anteil zu nehmen, was sie erzählte. Anfänglich dachte sie, er zeige sich nur deshalb so interessiert, weil er eine gute Geschichte brauchte. Aber später, als sie schon längst bei Themen gelandet waren, die nichts mit einer Geschichte zu tun hatten, schaffte er es immer noch, ihr Interesse zu halten. Nun wußte Iris plötzlich, was es gewesen war, was ihr bei all den tollen Männern gefehlt hatte. Sie waren so sehr von sich selbst eingenommen und darum besorgt, ihrer Umgebung zu gefallen, daß Iris nur selten ihre volle Aufmerksamkeit hatte. Jetzt erkannte sie, daß schöne und berühmte Männer gewöhnt sind, von Frauen verwöhnt und umgarnt zu werden, so daß sie sich gar nicht sonderlich Mühe geben müssen, um einer Frau zu gefallen. Sie tun es ja ohnehin. Weniger auffallende hingegen müssen sich schon etwas einfallen lassen, um das Interesse einer Frau erstens auf sich zu lenken und zweitens zu halten. Guido war so einer.

Wenn diese Geschichte ein Märchen wäre, hätten sich Iris und Guido unsterblich ineinander verliebt und wären als glückliches Paar ins Abendrot gejettet. Aber nachdem es eine wahre Geschichte ist, war es doch ganz anders. Iris verliebte sich zwar nicht in Guido, wußte aber von da an zwischen Männern zu unterscheiden. Nie wieder erwartete sie, daß die so offensichtlichen Märchenprinzen auch wirklich welche waren. Das hatte sie Guido zu verdanken, mit dem sie noch immer eine innige Freundschaft verbindet und der letztendlich schuld war, daß sie ihren Traummann dann doch noch fand.

Auf einen Blick

- Seien Sie sich im klaren darüber, wie Ihr Traummann zu sein und auszusehen hat.
- Verweilen Sie nicht zu lange an der veränderbaren Oberfläche. Der Kern ist beständiger und deshalb auch verläßlicher. Die armen Männer haben es ohnehin schwer genug.

Kapitel 4
Fundgruben

Männer halten sich meist gerne dort auf, wo es andere Männer gibt. Unter ihresgleichen fühlen sie sich stark und verstanden. Aber richtig fündig können Sie nur dann werden, wenn Sie genau wissen, was Sie suchen. Wenn Sie über die Charaktereigenschaften Ihres Traummannes nachdenken, machen Sie sich genauso eine Liste wie für die Äußerlichkeiten, die er aufweisen soll. Soll er sportlich und naturverbunden sein? Dann finden Sie ihn möglicherweise in einem der unzähligen Sportvereine, Wanderklubs, im Segel- oder Ruderklub, in der Wasserskischule oder auf einer Almhütte. Auch Drachenfliegen und Snowboarden sind beliebte Sportarten bei Männern. Beim Fischen stehen die Chancen schlecht. Da wollen die Herren eher nicht gestört werden, also suchen Sie ihn nicht am stillen Wasser.

Stehen Sie eher auf sportlich Schicke, dann ab ins Fitneßstudio. Das ist übrigens ein hervorragender Ort, um Männer kennenzulernen. Hier müssen Sie sich auch nicht erst lange überlegen, wie Sie ein Gespräch beginnen sollen. Bitten Sie ihn einfach, Ihnen zu erklären, wie man den Bizeps stärkt und die Nackenmuskeln dehnt. Oder warten Sie, bis kein Trainer in der Nähe ist, und dann fragen Sie das Objekt Ihrer Begierde, ob er Ihnen die Geräte erklären kann. Und wenn Sie sichergehen wollen, daß Sie nicht nur wegen Ihres bezaubernden Aussehens ankommen, dann sprechen Sie ihn im Dampfbad an. Wenn er Sie trotz verronnener Schminke, triefender Haare und krebsroter Haut attraktiv findet und keine anzüglichen Bemerkungen macht, dann steckt vielleicht unter seinen klebrigen Haaren und seiner verschwitzten krebsroten Männerbrust der Märchenprinz, den Sie schon so lange suchen.

Wohlhabende Sportliche findet man in Jachtklubs, besonders gehäuft auf Karibischen Inseln, auf Privatflughäfen, in

der VIP-Box der Pferdebesitzer auf Rennplätzen oder sogar in der VIP-Lounge auf Flughäfen. Sollten Sie selber nicht zu dieser Gesellschaftsschicht gehören, ist es ratsam, sich trotzdem danach zu kleiden und zu benehmen, um nicht aus der Reihe zu fallen. Nehmen Sie immer ein sachverwandtes Buch mit, so daß Sie etwas haben, womit Sie sich beschäftigen können. So ein Buch ist außerdem ein hervorragendes Mittel, um ein Gespräch anzubahnen, und man sieht nicht so aus, als säße man dumm auf Männersuche herum. Bei Frauen gelangt man nämlich sehr schnell in Verruf. Die haben alle Angst um ihre Männer.
Glauben Sie nur nicht, daß Sie, obwohl Sie selbst nicht mit einem goldenen Löffel im Mund das Licht der Welt erblickten, für Männer dieser Schicht nicht interessant sind. Ganz im Gegenteil. Vielen reichen Männern macht es nichts aus, eine weniger reiche Frau zu verwöhnen. So einer kann man nämlich viel schneller eine Freude machen als einer, die ohnehin ihr ganzes Leben dem Luxus gefrönt hat. Und wenn wohlhabende Männer auch allgemein im Ruf stehen mögen, arrogant zu sein und auf dem hohen Roß zu sitzen, so steckt doch oft nur gut getarnte Schüchternheit dahinter. Ein reicher alter Mann hat mir einmal gesagt: „Es gibt unter den wohlhabenden Männern genauso viele nette wie unter den armen. Also suchen Sie sich doch lieber gleich einen reichen.“ Der Rat war gut und billig, und deshalb gebe ich ihn auch gerne weiter. Mir ist es nie gelungen, weil ich mich weder in Jachtklubs noch auf Privatflughäfen oder in VIP-Lounges herumgetrieben habe. Was aber nicht heißt, daß Sie es nicht versuchen sollen. Toi, toi, toi!
Wenn Sie ausgefallene Hobbies haben, besuchen Sie Sammlerbörsen. Denn das sind immer wundervolle Tummelplätze für Männer, die niemals alt werden. Und die Gesprächsthemen, mit denen Sie einen Flirt anbahnen können, werden Ihnen dort sicher nicht ausgehen. Hier zum Beispiel macht es gar nichts aus, dumme Fragen zu stellen. Das werden die meisten der Herren Sammler möglicherweise sogar charmant finden. Denn viele der Objekte bei Sammler-

börsen sieht man niemals außerhalb solcher Veranstaltungen, und sogar die Klügsten unter uns haben von vielem, was es dort zu tauschen und zu verkaufen gibt, praktisch keine Ahnung. Außerdem ist bekannt, daß sich jene, die etwas Besonderes zu bieten haben, so und so gerne damit wichtig machen.

Haben Sie einen Hund? Dann nötigen Sie ihn zu einem Kurs in der Hundeschule. Auch wenn er der besterzogene Hund im ganzen Revier ist, tun Sie ihm einen großen Gefallen damit. Denn Hunde sind die lerneifrigsten Haustiere, die der Mensch hat. Und nichts wird Ihrem Vierbeiner mehr Freude bereiten, als viele Artgenossen auf einem Fleck zu treffen. Also gönnen Sie ihm und Ihnen das Vergnügen. Und suchen Sie sich einfach das passende Herrchen aus. Sie müssen sich auch gar nicht wegen eines Anbahnungsthemas den Kopf zerbrechen. Ihr vierbeiniger Liebling macht Sie sicherlich so oder anders mit allen Anwesenden bekannt. Und am Hundeabrichteplatz könnte man vielleicht auch eine Ahnung davon bekommen, wie Männer ihre Kinder erziehen würden. Wenn das Herrchen streng zum Hund ist, ist es sicher noch viel strenger zu den Kindern. Das weiß man aus Erfahrung.

Wenn Sie eher einen intellektuellen Partner suchen, besuchen Sie diverse Fortbildungskurse, z. B. für ausgefallene Sprachen, oder machen Sie eine Studienreise zu exotischen Ausgrabungsorten, werden Sie Stammgast in Literatencafés, und hören Sie sich diverse Vorträge oder Lesungen an. Meistens gibt es anschließend Diskussionen, und so kommt man mühelos ins Gespräch mit Gleichgesinnten. Dasselbe gilt für Vernissagen und Ausstellungen. Und diverse Reiseklubs bieten Akademikerreisen zu Kultstätten an, wobei nicht jeder Teilnehmer einen Titel vorweisen muß, um eine derartige Reise zu buchen. Außerdem sind Frauen ohne Anhang in jeder Reisegruppe gerne willkommen.

Überhaupt sind Volkshochschulkurse ein wunderbares Pflaster für Ihren Zweck. Die Programme reichen von Angel- bis zu Ziselierkursen, und dazwischen liegt eine reichhaltige

Palette von Angeboten, die Ihnen vielleicht niemals von selbst in den Sinn gekommen wären. Haben Sie zum Beispiel schon einmal an einen Kurs in Papierfalten, Lederbearbeiten, Goldschmieden, Buchbinden, Videofilmen, Glasblasen oder thailändisch Kochen gedacht? Allerdings sollte man Kurse in Weihnachtsbäckerei, Babypflege oder Bauch-Busen-Po-Gymnastik meiden. Die werden fast nie von Männern belegt.

Sind Sie esoterisch orientiert und suchen einen ebensolchen Partner? Der ist besonders leicht zu finden, denn zu diesem Thema gibt es unzählige Veranstaltungen und Kurse. Egal, ob sie sich für Aromatherapie, Chakraheilen, Aurasehen, mentales Training, Wünschelrutengehen, Feng Shui, Astrologie, Kartenlegen oder Geisterbeschwören interessieren, ich kann Ihnen versichern, die Kurse sind fast voll belegt. Ebenso ist es mit Kursen in Yoga, autogenem Training, Tai Chi, Qi Gong, Karate oder anderen Selbstverteidigungskursen. Und wenn Sie Ihre Sinnlichkeit und Ihre Gefühle entdecken wollen, besuchen Sie doch ein Tantra-Seminar. Tantra für Singles ist eine einmalige Chance, jemand Neuen fast hautnah kennenzulernen.

All diese Tätigkeiten haben mit Interaktion zu tun, und Sie können sich Ihren Partner praktisch aussuchen. Die Chance, daß gerade der, den Sie schon so lange suchen, dabei ist, ist relativ groß. Und noch ein Tip: Männer auf dem Selbstfindungstrip sind häufig ungebunden oder leben in einer unbefriedigenden Beziehung, die sich selbstverständlich in vielen Fällen beenden läßt. Denn wenn man in einer harmonischen Beziehung lebt, verspürt man die Notwendigkeit der Selbstfindung eher selten. Deshalb kann man wirklich nur von Fügung sprechen, wenn sich der Märchenprinz, den Sie in so einem Kurs kennenlernen, gerade in so einer Beziehungskrise befindet. Denn auch Traummänner werden mitunter verlassen, wenn man nicht mehr dieselben Träume teilt.

Für den Fall, daß Religion eine große Rolle in Ihrem Leben spielt, sind Kirchenvereine großartige Partnervermittlungsstellen. Auch hier können Sie Ihr Glück versuchen. Und Glück besteht ja bekanntlich zum Großteil daraus, daß man das eigene Schicksal in die Hand nimmt. Versteifen Sie sich nicht auf Ihre eigene Pfarrgemeinde, sondern besuchen Sie auch die Veranstaltungen anderer Gemeinden. Fast jedes Wochenende findet in irgendeiner Pfarre in Ihrer Umgebung ein Flohmarkt oder ähnliches statt. So können Sie gleichzeitig Ihren alten Krempel loswerden und eventuell einen neuen Mann finden. Für so einen Tausch kann man sich schon etwas Mühe machen, die diversen Gemeinden auszukundschaften, nicht wahr?

Sollten die westlichen Religionen für Sie überhaupt keine Rolle spielen, wie wäre es mit einem fernöstlichen Glauben? Oder zumindest mit einem Mann, der in diese Richtung tendiert? Schauen Sie sich doch einmal die reichhaltigen Veranstaltungskalender eines buddhistischen Zentrums an. Sie werden staunen, was so ein Zentrum zu bieten hat. Von Bogenschießen bis zu Selbstverteidigungskursen. Hört sich nicht nur nach etwas an, wo man Männer finden könnte, sondern ist es auch. Richard Gere, zum Beispiel, ist so einer. Doch der ist leider schon wieder vergeben!

Auch in Discos und Bars findet man jede Menge Männer, die nicht unbedingt nur Hard Rock und harte Getränke im Kopf haben, sondern ganz einfach auf der Suche nach ihrer Traumfrau sind. Denn vergessen Sie niemals, daß es ebenso viele alleinstehende Männer gibt wie Frauen. Schade, daß sich die Suchenden nicht ganz einfach ein Erkennungszeichen anstecken, dann wäre die ganze Angelegenheit um einiges einfacher. Wenn Sie die Nerven und das passende Alter dafür haben, ist jedenfalls eine Disco ebenso ein Ort, „ihn“ kennenzulernen, wie jeder andere. Nur ist es für gewöhnlich ein schlechter Platz für Gespräche, da der Lärmpegel dies meist nicht erlaubt. Aber es ist ein gutes Pflaster, um für einen anderen Tag ein Rendezvous zu vereinbaren.

Auf einen Blick

Männer findet man nicht nur in In-Lokalen, Bars oder Discos. Vergessen Sie nicht auf: Fitneßstudios ○ Jachtklubs ○ Privatflughäfen ○ Rennplätze ○ Sammlerbörsen ○ Hundeschulen ○ Literatencafés ○ Lesungen ○ Vernissagen ○ Reiseklubs ○ Volkshochschulkurse ○ Selbstfindungsgruppen ○ Kirchenvereine ○ u. v. m.

Kapitel 5
Ran an den Mann

Egal, wo Sie Ihren Märchenprinzen entdecken – Bar, Restaurant, Supermarkt, Fitneßclub, Flughafen, Rennplatz, Hundeabrichtekurs oder sogar auf der Straße –, suchen Sie als erste den Blickkontakt, und halten Sie ihn länger als er. Er soll gleich wissen, wer hier ausdauernder ist. Den Blickkontakt suchen galt bislang eher als männliche Domäne. Von Frauen wurde immer erwartet, daß sie mit verschleiertem Schlafzimmerblick brav warten, bis man sie entdeckt. Aber es soll auch Männer geben, die das Forschere lieben. Vielleicht wollen Sie zu jenen gehören, die am Fortschritt beteiligt sind. Also probieren Sie es doch!

Vielleicht sitzt gerade „er" bei einer roten Ampel im Auto neben Ihrem. Fahren Sie ruhig ein Weilchen neben ihm her, gerade lange genug, um ihm bei der nächsten Ampel Ihre Karte an seine Windschutzscheibe zu stecken. Sollte er eine Beifahrerin haben, ignorieren Sie die ruhig. Man muß nicht immer gleich das Schlimmste denken. Möglicherweise ist es gar nicht seine Ehefrau, sondern nur eine Autostopperin, die er freundlicherweise ein Stück mitnimmt. Außerdem hat ein kleines bißchen Konkurrenz noch nie jemandem geschadet.

Schuhgeschäfte und Herrenboutiquen sind ebenfalls ein wunderbarer Platz, „ihn" zu treffen. Und wenn Sie auf Labels stehen, gehen Sie doch lieber gleich in einen Laden, der sich auf Ihre Lieblingsdesigner spezialisiert hat. Sprechen Sie ihn ruhig an. Vielleicht braucht er ohnehin Tips – besonders wenn er gerade im Zweifel ist, ob er eher Boxershorts oder Minislips kaufen soll. Mischen Sie sich ruhig in diese intime Angelegenheit ein. Man wird ja sehen, ob er seinen Mann steht. Auch die Verkäuferin wird Ihnen dankbar sein, daß Sie den Kunden beraten.

Noch zwei heiße Tips, Männer zu finden, die wahrschein-

lich alleine leben: die Sexabteilung im Videoladen und die Fertiggerichtabteilung im Supermarkt. Ersteres sollten Sie vielleicht auslassen, es sei denn, Sie sind besonders abenteuerlustig, aber der einsame Wolf im Supermarkt freut sich sicher, wenn Sie ihm beistehen. Vielleicht hat er keine Ahnung, welche Vitamine im Mikrowellenherd überleben und in welcher Tiefkühlware welche Spurenelemente schon längst verlorengegangen sind. So arme Alleinversorger leiden häufig an Mangelerscheinungen – nicht nur mineralstoff- und vitaminmäßig, versteht sich. Er wird vielleicht sogar Ihre Einkaufstüten für Sie heimschleppen, aus lauter Dankbarkeit, daß Sie sich seiner annehmen. Wenn er es nicht tut, ist er Ihre Mühe so und so nicht wert, und Sie können sich umgehend um ein anderes Opfer kümmern.
Nun wissen Sie ja, wo sie jederzeit ein neues finden können. Auf jeden Fall dürfen Sie ihn ruhig zuerst ansprechen, denn wer weiß – es könnte ja sein, daß er gar nicht auf die Idee kommt, daß er Ihnen gefällt. Vielleicht ist er auch gerade abgelenkt oder gar kurzsichtig. Vielleicht ist er aber auch nur schüchtern. Seien Sie deshalb besonders witzig und originell. Das kommt als Starter immer gut an, und er weiß dann gleich, daß man es mit Ihnen lustig haben kann.
Falls Sie Frühaufsteherin sind, vergessen Sie nicht, daß einsame Hundebesitzer gutes Freiwild sind. Meist findet man sie um sieben Uhr morgens auf der Gasse oder am späten Abend im Park. Sie kennen doch das alte Sprichwort – wie der Hund, so der Herr. Also suchen Sie einfach den zu Ihnen passenden Hund. Das Herrchen an seiner Leine wird mit großer Wahrscheinlichkeit auch zu Ihnen passen.
Da die Chance, daß Sie die Charaktere diverser Hunderassen noch nicht studiert haben, relativ groß ist, will ich sie Ihnen nicht vorenthalten. So ein Wissen braucht man, wenn man auf Männersuche ist.
Die englische Bulldogge – braucht viel Pflege, ist dafür freundlich und gutmütig.
Die französische Bulldogge – braucht besonders viel Pflege, ist sanft, anhänglich und mutig.

Der Boston Terrier – ist pflegeleicht, dafür aber lebhaft mit starkem Willen.
Der Dalmatiner – benötigt viel Auslauf, ist anhänglich, umgänglich und intelligent.
Der Schnauzer – benötigt viel Pflege, ist intelligent, verspielt, gutmütig und ein idealer Familienhund.
Der Pudel – benötigt besonders viel Pflege, ist fröhlich, lebhaft und nicht sonderlich robust.
Der Chow-Chow – benötigt viel Pflege, ist treu, aber unabhängig.
Der Spitz – braucht viel Pflege und Bewegung, ist lebhaft, kühn und mißtrauisch.
Der Neufundländer – viel Pflege, dafür sanft und gelassen.
Der Collie – benötigt viel Auslauf, ist treu, mißtrauisch, intelligent.
Der Bobtail – extrem viel Pflege, dafür freundlich und treu, aber sehr sensibel.
Der Bearded Collie – sehr viel Pflege, ist selbstbewußt und lebhaft.
Der belgische Schäferhund – viel Auslauf, intelligent und gehorsam.
Der deutsche Schäferhund – braucht viel Auslauf, ist geschickt und intelligent.
Der Bernhardiner – sollte nicht zu sehr überanstrengt werden, ist kinderlieb und freundlich.
Der Berner Sennenhund – braucht viel Platz und Auslauf, ist treu und anhänglich.
Der Dobermann – muß erzogen werden, ist dafür wachsam, selbstsicher und treu.
Der Rottweiler – braucht viel Platz und Auslauf, ist mutig und treu.
Die deutsche Dogge – sollte im Haus gehalten werden, ist gutmütig und verspielt.
Der Siberian Husky – braucht viel Auslauf und eine Aufgabe, ist freundlich und verläßlich.
Der Cocker und andere Spanielarten – sind pflegeleicht, freundlich und gute Haushunde.

Der Retriever – viel Pflege, viel Auslauf, dafür aufmerksam, freundlich und kinderliebend.
Der Irisch Setter – viel Pflege und Auslauf, zutraulich und freundlich, als Wachhund ungeeignet.
Der Weimaraner – soll im Haus gehalten werden, ist gutmütig und intelligent.
Der deutsche Vorstehhund – pflegeleicht, aufmerksam, lebhaft und manchmal aggressiv.
Der Magyar Vizsla – pflegeleicht, viel Auslauf, ist freundlich, aufmerksam und kinderlieb.
Der Beagle – pflegeleicht, aber dickköpfig.
Der Basset Hound – streunt gerne, ist energievoll und unabhängig.
Der Bluthund – benötigt viel Pflege, ist dickköpfig, aber anhänglich.
Der Dachshund – benötigt viel Pflege, ist krankheitsanfällig, lebhaft und anhänglich.
Der Saluki – benötigt viel Auslauf und hat einen ausgesprochenen Jagdtrieb.
Der afghanische Windhund – benötigt regelmäßige Pflege, ist treu, aber zurückhaltend.
Der Bullterrier – muß konsequent erzogen werden, ist unkontrolliert aggressiv.
Der Foxterrier – benötigt viel Pflege, ist aber dafür liebevoll und leicht zu erziehen.
Der Chihuahua – benötigt viel Pflege, ist anhänglich und besitzergreifend.
Der Mops – ist pflegeleicht, intelligent und kinderlieb.

Was man über Hunde und deren Herrchen sagen kann, gilt natürlich oft auch für Männer und deren Fortbewegungsmittel:
Treffen Sie ihn *am Rad,* hat er entweder zuwenig Geld für ein Auto, ist umweltbewußt oder versucht seinen hohen Blutdruck zu senken.
Treffen Sie ihn am *Motorrad,* ist er entweder zu jung für Sie oder steckt in der Midlifekrise. Wenn Sie seine Jugend nicht

stört und er einen zweiten Helm dabeihat, dann nichts wie ran an den Mann!

Fährt er einen *englischen Oldtimer,* ist Gefahr im Verzug, denn so ein Gustostück will viel Aufmerksamkeit, benötigt viel Zeitaufwand für Reparaturen und selbstverständlich das nötige Geld, um diese zu begleichen.

Ein *Turbodiesel-Golf-Fahrer* ist oft kühl und berechnend.

Einen *Porschefahrer* müssen Sie erst gar nicht aus seiner Reserve locken. Innerhalb weniger Minuten hat er Ihnen schon erzählt, wer er ist, was er macht und daß er einen Porsche fährt, im Falle Sie ihn gerade zufällig ohne Auto treffen.

Vor Männern in *Ami-Schlitten* wurden wir Frauen bis vor nicht allzu langer Zeit gewarnt. Hinter den getönten Scheiben verbargen sich häufig Typen aus zwielichtigen Gewerben. Bankdirektoren hingegen ließen sich gerne im dicken deutschen *Luxuswagen* chauffieren. Heute ist das genau umgekehrt.

Ist der Ami-Schlitten hingegen ein würdiger Oldtimer, können Sie damit rechnen, daß der Besitzer nicht in der Stadt wohnt. Er hätte ihn wegen der Parkplatzprobleme schon längst gegen einen Porsche eingetauscht.

Sollten Sie sich in einen *Skodafahrer* verlieben, müssen Sie möglicherweise ungarisch lernen.

Fährt er einen *Japaner,* heißt das noch lange nicht, daß er bereit ist, das Geld, das er beim Autokauf gespart hat, für Sie auszugeben.

Fährt er ein *sogenanntes vernünftiges Auto,* ist er entweder ein wenig langweilig oder Familienvater.

Und Hände weg von Männern mit *Minivans,* in denen sich Kindersitze befinden hat! Daß er sich ausnahmsweise das Auto seiner Schwester ausgeborgt hat, ist unbedingt zu überprüfen.

Auf einen Blick

Am besten nehmen Sie dieses Buch oder wenigstens diese Seiten mit auf die Jagd, es sei denn, Sie haben ein fotografisches Gedächtnis. Und wenn Sie einen Gesprächsstoff liefern wollen, lassen Sie das Buch mit dem Titel gut lesbar vor sich liegen. Kein Mann, der etwas auf sich hält, wird kommentarlos daran vorübergehen. Sehen Sie, so einfach ist es, ein Anbahnungsthema zu finden. Oft hat man es direkt vor der Nase und merkt es nicht.

Kapitel 6
Hände weg von Ehebrechern!

Machen Sie Ihren Traummann nicht zum Ehebrecher, egal, wie wunderbar er zu Ihnen passen könnte. Wenn ihn schon eine andere hat, und er fängt sich trotzdem etwas mit Ihnen an, ist er so und so kein Traummann und schon gar nicht Ihrer. Vielleicht fängt die Sache ganz langsam und unverfänglich an, und Sie schlittern in eine Beziehung hinein, die Sie von vornherein gar nicht wollten. Männer, die ihre Frauen betrügen, sind besonders erfinderisch im Einkochen. Hier geht es tatsächlich um einen Sport, und nichts lieben sie mehr. Aber seien wir doch ehrlich – wer will schon freiwillig die Nummer zwei sein? Denn das ist die Geliebte mit Sicherheit fast immer. Und sollte es wirklich einmal sein, daß er seine Frau für eine andere verläßt, wird er wahrscheinlich die neue genauso betrügen, wie er es mit der alten gemacht hat. Jetzt ist er ja schon geübt und die Hemmschwelle überschritten. Jene Frauen, die sich dann tatsächlich in der Rolle der zweiten befinden, klammern sich oft viele Jahre lang an einen Strohhalm, in der Hoffnung, daß seine Frau es irgendwann einmal satt haben wird, betrogen zu werden, und ihn hinauswirft. Oder aber, daß er herausfindet, daß seine Frau doch nicht die Richtige ist. Dabei gibt es kaum einen Mann, der im Grunde seines Herzens zugeben wird, seine Frau sei nicht die Richtige. Warum hätte er sie sonst geheiratet? Die Tatsache allein, daß die Geliebte vielleicht noch richtiger ist, ist nur in den allerallerwenigsten Fällen Grund genug, Frauen zu wechseln.
Gabriele ist nur eine von unzähligen Frauen, die immer wieder hoffen, daß gerade sie die Ausnahme sind.
Gabriele traf den begabten Schriftsteller Artur, als sie erst zweiundzwanzig Jahre alt war. Artur war damals Mitte Dreißig und arbeitete gerade an seinem dritten Roman. Zwei Bestseller hatte er schon geschrieben, und die Verlage ris-

sen sich um ihn. Man konnte auch bei Autogrammstunden Aufsehen mit ihm erregen, da er die älteren Fans an den jungen Robert Redford erinnerte. Auch die jungen Frauen schmolzen vor seinem Schlafzimmerblick.

Jener Verlag, für den Gabriele als Assistentin arbeitete, hatte den Zuschlag bekommen.

Arturs Frau Beate war Kinderärztin, eine ehemalige Schönheitskönigin und nur am Abend daheim. Vormittags war sie im Krankenhaus, und nachmittags arbeitete sie in ihrer Praxis. Für die beiden kleinen Töchter leisteten sie sich ein Au-pair-Mädchen. Die Paradefamilie lebte in einem prachtvollen Haus mit idyllischem Garten am Stadtrand. Da die Kinder noch nicht in die Schule gingen und Artur absolute Ruhe zum Schreiben brauchte, nahm er sich eine kleine Wohnung in der Innenstadt. Es war gleichzeitig eine Ausweichwohnung für ihn und Beate, wenn es zum Beispiel nach einem gemeinsamen Theaterabend in der Stadt spät wurde und sie keine Lust mehr auf den weiten Heimweg hatten. In der Nacht würden die Kinder sie nicht vermissen, und das Au-pair-Mädchen war ja ohnehin im Haus.

Im Laufe des dritten Kapitels brach sich Artur die Mittelhand, und da er einhändig nicht schreiben konnte, bat er den Verleger, ihm eine Assistentin zur Verfügung zu stellen, die seine Diktate tippen konnte. Ihr Honorar könne der Verlag mit den Einnahmen des Buches gegenverrechnen. So trat Gabriele ins Leben von Artur und umgekehrt.

Die ersten Wochen kam sie ins Haus am Stadtrand. Sie war gleich von Anfang an von dem großen, schlanken Schriftsteller mit den verträumten graugrünen Augen stark angezogen. Aber sie war ein vernünftiges Mädchen und machte sich keine Illusionen. Schließlich war Artur ein verheirateter Mann. Seine Frau hatte Gabriele zwar noch nie gesehen, da sie immer vormittags, wenn die Ärztin im Krankenhaus war, zum Diktat erschien, aber überall im Haus gab es Familienfotos, und Beate war mindestens ebenso attraktiv wie ihr Mann.

Dann kam der Gips weg, und Artur konnte die Hand gut genug zum Autofahren bewegen, aber noch nicht gut genug zum Schreiben. Also bat er Gabriele, ihm weiterhin zu helfen, und zwar in der Stadtwohnung, da diese weitaus zentraler lag.

Es dauerte nicht lange, ehe Gabriele begann, für sich und Artur das Mittagessen zu kochen. Man war ja schließlich und endlich in einer voll ausgestatteten Wohnung, und oft arbeiteten sie bis in den Nachmittag hinein. Und um ihre Kochkunst zu belohnen, spendierte Artur hin und wieder eine Flasche edlen Wein oder einen Blumenstrauß und genoß die unbeschwerte Zusammenarbeit mit seiner hübschen jungen Assistentin. Die Gefahr, daß Beate unangemeldet vorbeikommen würde, war relativ gering. Sie war viel zu sehr mit ihrer eigenen Karriere im Krankenhaus beschäftigt, um sich ernsthafte Gedanken darüber zu machen, warum Arturs Buch dieses Mal soviel Zeit in Anspruch nahm.

Der Rest war programmiert. Zwei attraktive Menschen mit ähnlichen Interessen in einer intimen Atmosphäre, fast sich selbst überlassen. Sachte und behutsam ließen sie sich in den Sog der Sensualität hineinziehen. Absichtlich verpaßten sie den Zeitpunkt, an dem es noch ein Zurück gegeben hätte. Artur war reif für ein Abenteuer, und Gabriele war ihm verfallen. So wurden sie ein Liebespaar. Egal, wie sehr er verheiratet war, und egal, wie sehr sie sich nichts mit einem verheirateten Mann anfangen wollte. Die Affäre konnte ohnehin nicht lange dauern, dachte jeder für sich. Der Roman war schon fast abgeschlossen und das Abgabedatum absehbar.

Schon am Anfang der Liebesbeziehung behauptete Artur fairerweise, daß er Beate und die Kinder niemals verlassen würde. Gleichzeitig aber beschwerte er sich, daß seine Frau viel zuwenig Zeit für ihn habe. All die romantischen Dinge wie Essen im Bett oder gemeinsames Baden, die er jetzt mit Gabriele ausleben konnte, praktizierte er mit seiner Frau schon lange nicht mehr.

Beate begann zu ahnen, daß Arturs Beziehung zu seiner Assistentin keine ganz platonische war. Als sie das Thema aber ansprach, wurde er aggressiv und schalt sie eifersüchtig, was Beate erst recht davon überzeugte, daß sie nicht an Hirngespinsten litt. „Nur wer ein schlechtes Gewissen hat, wird aggressiv anstatt beschwichtigend“, meinte sie. Also besann er sich eines Besseren und versuchte sie zu beruhigen. Gabriele sei zwar vernarrt in ihn, oder besser gesagt in seinen Ruhm, aber völlig uninteressant für ihn. Genauso uninteressant wie die Studentinnen an der Hochschule, wo er als Gastprofessor gelegentlich Literaturseminare abhielt. Außerdem, was konnte ihm schon eine kleine Schreibassistentin bieten, wo er doch so eine tolle Frau hatte.

In den nächsten Wochen behandelte er Beate besonders liebevoll. Er überhäufte sie mit Geschenken, kam plötzlich wieder mit langstieligen roten Rosen heim und nahm ihr jede Sorge über die kleine Tippmamsell, wie er sie nannte. Auch fanden sie plötzlich wieder Zeit für gemeinsame Sonntagsfrühstücke im Bett und Wasserspiele unter der Dusche.

Gabriele hingegen erzählte er, daß das Leben daheim die Hölle sei, daß seine Frau die übelsten Eifersuchtsszenen mache und er es sehr schwer mit ihr habe. Wären da nicht die Kinder, hätte er sie schon längst verlassen. Zum Glück sei da Gabriele, die ihn so wunderbar trösten könne. Und er ließ sich sehr bedauern, und sie tröstete ihn selbstverständlich – einmal sanft, einmal leidenschaftlich, so wie er es gerne hatte. Im geheimen hoffte sie natürlich, daß Artur dieses schreckliche Dasein zu Hause bald aufgeben und mit ihr leben würde.

Beim nächsten Buch kündigte Gabriele ihren Job beim Verlag und arbeitete freiberuflich für Artur. Da er wieder einen Bestseller geschrieben hatte, konnte er sie sich leisten, ohne daß er es seiner Familie an etwas fehlen lassen mußte. Seine Frau hatte sich daran gewöhnt, daß „die Tippmamsell“ immer noch in Arturs Leben war, aber er hatte sie längst überzeugt, daß da nichts war zwischen den beiden und daß sie als Schreibkraft unersetzbar war, weil sie auch gleichzeitig lektorieren konnte.

Gabriele war es mittlerweile ebenfalls gewöhnt, daß sie im Moment noch nicht die offizielle Frau an Arturs Seite sein konnte. Aber wie ihr Artur ja immer wieder vor Augen hielt, verbrachte er ohnehin viel mehr Zeit mit ihr als mit seiner Familie. Fünf halbe Tage lang pro Woche war ihr Zusammensein wie das einer echten Lebensgemeinschaft. Sie arbeiteten, aßen jeden Tag gemeinsam zu Mittag, und auch die Sexualität kam nicht zu kurz. Dafür mußte Gabriele die Abende, die Nächte, die Wochenenden, die Feiertage und die Ferien ohne ihn verbringen. Er müsse sich ja für die Kinder opfern, jammerte er immer wieder. Zweimal schaffte er es, sie zu einer Buchmesse mitzunehmen, weil Beate gerade Krankenhausdienste hatte.

Gabriele wurde es nicht müde, die Nummer zwei zu sein, weil ihr Artur immer wieder versicherte, sobald die Kinder größer wären und ihn nicht mehr so dringend zu Hause brauchten, würde er sich von Beate trennen. Außerdem, log er, führten er und Beate schon seit Jahren kein Liebesleben miteinander.

Drei Bücher und acht Jahre später hatte sich an Gabrieles Status nicht viel geändert. Zwar durfte sie sich jetzt Lektorin nennen, was sich auch auf ihr Gehalt auswirkte, aber sie war immer noch die heimliche Geliebte des berühmten Autors.

Die Kinder waren zwar schon viel größer, aber der richtige Zeitpunkt für die Trennung zwischen Artur und seiner Frau sei einfach noch nicht gekommen, beteuerte er in regelmäßigen Abständen. Sie müsse sich noch ein wenig gedulden. Ihren besten Freundinnen gegenüber erwähnte Gabriele immer wieder, daß sie sich endlich von Artur trennen wolle, um einen Mann zu finden, mit dem sie eine Familie haben konnte. Aber dann hatte sie wieder Angst, ihn „gerade jetzt, nach so vielen Jahren des Wartens“, zu verlassen, nachdem er angeblich so knapp dran war, sich scheiden zu lassen. Ihre Sorge war ständig, daß – sollte sie ihn verlassen und er sich dann doch von seiner Frau trennen – eine andere ihn kriegen würde. Das durfte nicht geschehen. Sobald er frei

wäre, würde sie da sein, um mit ihm glücklich zu werden, „bis daß der Tod sie scheide“.
Artur schreibt gerade sein neuntes Buch. Und er hat weder die Absicht, sich von seiner Familie zu trennen noch Gabriele zu verlassen. Warum sollte er auch. Sein Leben ist wundervoll, genau so, wie es ist. Er hat seine Karriere, wird von zwei wunderbaren Frauen geliebt und kann ohne Konsequenzen ein Doppelleben führen. Es ist zwar ein wenig stressig, aber genau das ist das Salz in der Suppe, das ihn täglich zu neuen Abenteuern auf der Tastatur seines Computers inspiriert.
Wenn er mutig genug wäre, den beiden Frauen die Wahrheit zu sagen, wäre er mit Sicherheit zumindest eine von beiden los. So einfach wäre das. Denn die Wahrheit ist häufig ein Beziehungskiller. Deshalb nimmt man sie ja meist nur dann in Anspruch, wenn man selbst ungeschoren davonkommt.
Daß Männer, die in Lebensgemeinschaften leben oder verheiratet sind, häufig Liebhaberinnen haben, ist gewiß kein Geheimnis. Daß sie aber in den meisten Fällen ein Geheimnis daraus machen wollen, ist üblich. Daß sie auch oft versuchen, nicht nur die Lebensgefährtinnen, sondern auch die potentiellen Liebhaberinnen hinters Licht zu führen und sich als ungebunden präsentieren, ist naiv. Männer haben einfach mehr Angst vor den Konsequenzen der Wahrheit als Frauen. Dem zugrunde liegt ihre Angst vor ihrer eigenen Sexualität, wie eine psychologische Studie kürzlich erörterte. 90 Prozent aller Männer dieser Studie bekannten sich dazu, unter einschlägigen Sexualängsten zu leiden. Dazu gehört die Furcht, nicht mehr ihren Mann stehen zu können, einen zu kleinen Penis zu haben, die Angst vor starken Frauen und die Angst, betrogen und verlassen zu werden. Sie selbst gehen zwar fremd und erwarten, daß ihre Frauen das akzeptieren, sind aber nicht gewillt, ihren Frauen dieselben Freiheiten zu gewähren. Die meisten Männer, die sich neben ihren Frauen eine Geliebte suchen, wollen diese nicht statt der Lebensgefährtin, sondern zusätzlich.
Frauen hingegen tendieren dazu, ihre Ehemänner für einen

neuen Geliebten zu verlassen, wenn ihnen die neue Beziehung zukunftsträchtig erscheint. Sie haben meist weniger Angst vor den Konsequenzen einer Trennung oder einer Scheidung als Männer.
Kinder erfüllen für Männer im Doppelspiel eine ganz wichtige Rolle, indem diese Männer von ihren Geliebten Verständnis erwarten – und es meistens auch bekommen –, daß sie sich wegen der Kinder nicht trennen können. So gelingt es ihnen häufig, ihre Freundinnen mit der Erwartung hinzuhalten, daß sie sich trennen würden, sobald die Kinder alt genug seien, um eine Trennung zu verkraften. Tatsächlich ist das aber in den meisten Fällen nur eine Verzögerungstaktik und findet so gut wie nie statt, derweil sich jedoch die außereheliche Beziehung so weit festigt, daß man an ihr hängt, weil man schon so viel Zeit investiert hat. Und oft ist es dann für die irregeführten Frauen zu spät, sich selbst noch um das Kinderkriegen zu kümmern.
Für Frauen werden Kinder immer seltener ein Grund, den Ehepartner nicht zu verlassen. Allerdings muß man zugeben, daß es emotional weniger schmerzlich ist, gemeinsam mit den Kindern aus einer Ehe auszusteigen, was üblicherweise das Vorrecht der Frauen ist, als die Kinder zurückzulassen, was meistens das Los der Männer ist. Dazu kommt, daß Frauen heute oft selber in der Lage sind, ihre Kinder großzuziehen. Beruf, Ehemann, Kinder und Haushalt unter einen Hut zu kriegen, ist den meisten Frauen in unseren Breiten ohnehin geläufig.
Interessanterweise verlassen sich Männer viel eher als Frauen in bezug auf Liebesaffären auf die Diskretion anderer. Das liegt daran, daß sie selbst meist diskreter oder verschlossener sind als Frauen und weniger dazu neigen, einer Sache, die sie nicht direkt und persönlich betrifft, auf den Grund zu gehen. Auch nicht, wenn es die engsten Freunde betrifft, es sei denn, sie werden dazu aufgefordert. Weniger fein ausgedrückt, heißt das schlicht und einfach, daß Frauen mehr tratschen – oder sagen wir mitteilsamer sind als Männer. Die Psychologen meinen, daß das weniger an der

Kollegialität der Frauen liegt, sondern eher daran, daß sie eine ausgeprägtere Sensationslust haben als Männer. Ich meine, daß wir einfach am Schicksal der anderen mehr interessiert sind und auch eher gewillt sind einzugreifen, wenn wir der Sache oder einem Freund oder einer Freundin behilflich sein können.

Elisabeth befand sich in der glücklichen Lage, Freundinnen zu haben, die sich nicht einfach mit den Behauptungen eines Mannes zufriedengaben, und ihr auf diese Weise die Augen öffneten. Außenstehende sind viel öfter in der Lage, Warnsignale zu erkennen, als direkt Betroffene. Hätte sich Elisabeth einzig und allein auf den Mann ihres Herzens verlassen, was sie nur allzugern getan hätte, wäre sie den Lover aus der Ferne möglicherweise immer noch nicht los.

Bei einem Golfurlaub in Tunesien traf die attraktive Wienerin einen gutaussehenden Zahnarzt aus Hamburg. Groß, schlank, mit einem kantigen Gesicht, leicht grau meliert und Mitte Vierzig paßte er genau in ihre oberflächlichen Vorstellungen eines Traummannes. Er war auf Urlaub mit seinem Vater, mit dem er ein Turnier bestritt. Im Laufe der ersten Woche freundeten sich die drei an, und zu Beginn der zweiten Woche waren Elisabeth und Richard ein Liebespaar. Die lauen afrikanischen Sternennächte und die dazugehörigen Cocktailexoten taten das Ihre.

Auch der Vater von Richard freute sich über das Liebesglück der beiden, und für Elisabeth hätte ihr ursprünglich geplanter Singleurlaub nicht perfekter sein können. Endlich, nach langem Warten, war der Märchenprinz erschienen. Sie hatte ihn sich ja auch verdient, meinte sie. Sie war schließlich schon seit Jahren geschieden und hatte auch schon länger keine ernstzunehmende Beziehung gehabt. Die Männer, die ihr annähernd gefielen, hatten Probleme mit Elisabeths drei Söhnen, die jedes männliche Wesen im Leben ihrer Mutter als Konkurrenz empfanden. Da sie keiner dieser Männer so sehr faszinierte, daß sie das Kräftemessen mit ihren Kindern in Kauf nehmen wollte, blieb vorerst die Aussicht auf eine festere Beziehung auf der Strecke.

Die lange Durststrecke hatte sich ausgezahlt. Sie und Richard hatten die gleichen Interessen, sahen beide gut aus, hatten ein ähnliches Bildungsniveau und hatten Kinder aus früheren Ehen. Heiraten und Kinderkriegen war deshalb kein Thema. Auch mit der Sexualität klappte es hervorragend. Richard war ein aufmerksamer und behutsamer Liebhaber, und Elisabeth konnte sich zum ersten Mal seit langer Zeit so richtig fallen lassen. Ungeachtet der Sandflöhe, deren Bisse man noch wochenlang sah, wird sie die Erinnerung an die leidenschaftlichen Abenteuer am Vollmondstrand unter dem afrikanischen Sternenhimmel bis zu ihrem Lebensende begleiten. Der einzige Wermutstropfen in dieser Love-Story war die weite Entfernung zwischen ihren beiden Wohnorten. Glücklicherweise ist sie im Jet-Zeitalter in wenigen Stunden überbrückbar und schon längst kein unüberwindliches Hindernis mehr, es sei denn, das Bankkonto spricht dagegen. Im Fall von Elisabeth und Richard sollte das kein Thema sein, wie ihr Richard immer wieder versicherte.
Gegen Ende des Urlaubs schmiedete das verliebe Paar selbstverständlich auch Zukunftspläne. Für Elisabeth war klar, daß sie Wien nicht so schnell verlassen könnte. Sie war Teilhaberin an einem Grafikstudio, und ihre Söhne waren mitten in der Pubertät. Kurz überlegte sie, ob sie ihren Anteil am Studio verkaufen und ihrem Exmann das Sorgerecht für die Kinder überlassen sollte. So groß war die Liebe zu Richard, daß sie sich gut vorstellen konnte, mit ihm zu leben und ihre Buben so oft wie möglich zu besuchen. Aber dann konnte sie sich doch nicht dazu entschließen. Sie hatte hart genug um das Sorgerecht gekämpft und hatte sich mit den Jungs ganz gut zusammengerauft. Außerdem fand Richard die Idee gar nicht gut. Er wollte auf keinen Fall der Keil zwischen ihr und ihren Kindern sein und würde seine Bedürfnisse, Elisabeth ganz bei sich zu haben, lieber zurückstecken. Sie war gerührt. Er war wirklich ein toller Kerl, und Elisabeth verliebte sich von Tag zu Tag mehr in ihn.
Richard war in einer ähnlichen Situation. Der Gedanke, sei-

ne Praxis nach Wien zu verlegen, wurde zwar nicht ernstlich in Erwägung gezogen, doch er deutete an, man wisse ja nie, was die Zukunft bringen würde. Das beruhigte Elisabeth. Außerdem erarbeiteten sie gemeinsam einen Plan, der annehmbar und sogar abenteuerlich war. Sie könnten sich zum Beispiel vorerst einmal jedes zweite oder dritte Wochenende irgendwo zwischen Hamburg und Wien, etwa in München oder sonstwo treffen. Mal könnte es aber auch Venedig sein, dann wieder einmal ganz woanders, vielleicht in Paris oder London. Und der kluge Richard wies immer wieder darauf hin, daß das Schicksal schon den richtigen Weg für sie finden werde. Schließlich hatte es sie beide auch ins ferne Afrika geführt.
Der Abschied in Tunesien war zwar tränenreich, aber zukunftsfroh. Auch Richards Papa beteuerte, er freue sich auf ein baldiges Wiedersehen und würde sie vielleicht sogar in Wien besuchen kommen. Und mit viel Liebe im Gepäck und verwischtem Augen-Make-up reiste Elisabeth zurück nach Wien.
Sie fühlte sich wie ausgewechselt, als sie aus Tunesien zurückkam. Die Urlaubsfotos wurden herumgereicht, und alle ihre Freundinnen waren begeistert von dem Prachtkerl. Endlich einer, der zu Elisabeth paßte. Sie sahen wirklich aus wie das Traumpaar schlechthin. Wann würde er nach Wien zur persönlichen Begutachtung kommen? Warum übersiedelte Elisabeth eigentlich nicht samt Kindern nach Hamburg? Sie könnte ihren Teil vom Grafikstudio doch einfach verpachten und so mit laufenden Einnahmen rechnen. Die Jungs waren die ersten, die diese Idee gebaren. In Hamburg gibt es einen tollen Hafen, meinten sie aufgeregt. Warum sollten sie nicht alle gemeinsam gleich nächstes Wochenende eine Reise in den Norden machen? Hat er ein großes Haus? Wo war die Exfrau? Warum hat sie einen so tollen Kerl verlassen?
Elisabeth hatte natürlich auf alles eine plausible Antwort. Außerdem werde sich ohnehin demnächst einiges klären. Sie hatte oft große Sehnsucht nach Richard und vermißte

die Möglichkeit, ihn anzurufen, um mit ihm zu plaudern. Aber er hatte im Augenblick kein Telefon, da er gerade übersiedelte. Doch er meldete sich regelmäßig, ja fast täglich bei ihr. Nur erreichte er leider oft nur ihren Telefonanrufbeantworter. Aber auch dafür hatte er eine Lösung parat. Er riet ihr, sich ein Faxgerät zu besorgen, denn er hatte eines in seiner Ordination, und sie könnten sich gegenseitig Liebesbriefe faxen. Was sie in den nächsten Tagen auch heftig praktizierten. Denn natürlich leistete sich Elisabeth im Handumdrehen ein Faxgerät.
Als die Freundinnen erfuhren, daß Elisabeth keine Privatnummer und keine Adresse, sondern nur eine Faxnummer ihres Geliebten hatte, warfen sie sich heimlich beunruhigtwissende Blicke zu. Was war los mit Elisabeth? Wie konnte sie nur so naiv sein? Weder eine Telefonnummer noch eine Adresse zu hinterlassen, war doch der Paradeschwindel schlechthin. Das kannte man doch aus Dutzenden schlechter Filme. Wie konnte ihre intelligente Freundin nur auf so etwas hereinfallen? Machte Liebe wirklich so blind? Auch bei einer erwachsenen, lebenserfahrenen Frau? Aber sie wollten die Freundin nicht auf einen bloßen Verdacht hin verunsichern und schwiegen deshalb vorerst. Wenn etwas nicht koscher war, würden sie mit Sicherheit dahinterkommen.
Elisabeth bekam täglich ein leidenschaftliches Fax von Richard und schickte auch postwendend eines zurück. Natürlich durften auch die Freundinnen diese Liebesbotschaften lesen als Beweis, wie vernarrt Richard in Elisabeth war. Tatsächlich kam er auch bald für ein Wochenende nach Wien und wurde den Freundinnen vorgestellt.
Alle außer einer, Elfi, waren begeistert. Aber Elfi war schon immer eine, die den Teufel an die Wand malte. Und Elfi war hartnäckig. Sie ließ nicht locker mit ihren Fragen zu seiner Telefonnummer oder wie er sonst erreichbar wäre. Sie habe nämlich eine Freundin in Hamburg, die einen Zahnarzt suche, log sie. Richard beteuerte, daß er seit der Scheidung noch keine passende Wohnung gefunden habe und er des-

halb in der Ordination wohnen müsse, die aber gerade renoviert werde und zur Zeit noch kein funktionsfähiges Telefon habe. Nur ein Fax. Auf Elfis Frage, wie sich die Patienten denn in seiner telefonlosen Phase bei ihm anmelden könnten, meinte er ganz cool, er sei ohnehin für die nächsten zwei Monate ausgebucht, und in ein paar Wochen würde auch das Telefonproblem gelöst sein. Sogar die mißtrauische Elfi mußte sich mit dieser Erklärung zufriedengeben.

Elisabeth war es gar nicht recht, daß Elfi ihren Liebsten „so penetrant" ausgefragt hatte, wie sie meinte. Aber Elfi, selbst ein gebranntes Kind, ließ nicht locker. Tatsächlich gelang es ihr mit einigen hartnäckigen und gefinkelten Telefonaten nach Hamburg, den Zahnarzt auszuforschen, was keineswegs unmöglich war. Nach ein paar Stunden schon hatte Elfi die Antwort, die sie befürchtet hatte. Es stimmte, daß Richard geschieden war und die gemeinsame eheliche Wohnung verlassen hatte. Der Scheidungsgrund war seine jetzige Lebensgefährtin gewesen, in deren Wohnung er jetzt gemeinsam mit ihr lebte und mit der er ein zwei Monate altes Baby hatte. Diese Wohnung lag tatsächlich gegenüber seiner Ordination, aber von Übersiedlung und Renovierung wußte die Ordinationshilfe nichts.

Elfi war nicht froh über dieses neu errungene Wissen. Aber da sie ohnehin schon einen allgemeinen Groll gegen betrügende Männer hatte, war es ihr einfach ein Anliegen, etwas zu tun, um ihre Freundin aus dieser unglückseligen Situation zu retten. Wie aber sollte sie Elisabeth die unerfreuliche und sicher herzbrechende Nachricht überbringen? Sollte sie einfach so lange warten, bis Elisabeth selbst zu zweifeln begann und Richards seltsames Verhalten in Frage stellen würde, oder sollte sie ihr die beinharte Wahrheit ohne Umwege servieren? Sie zog die anderen Freundinnen zu Rate, und es wurde beschlossen, daß sie Elisabeth erst dann die Wahrheit sagen würden, wenn diese danach fragte. Sie waren überzeugt, daß das Mißtrauen ohnehin ganz von selber kommen würde.

Richards Telefonanrufe und Liebesfaxe kamen regelmäßig, und Elisabeths Sehnsucht war groß. Also beschloß sie, ein paar Tage Urlaub zu nehmen und ein Flugticket nach Hamburg zu kaufen. Am liebsten hätte sie ihn überrascht, aber das ging ja nicht, weil sie keine Adresse hatte. Sie war aber sicher, er würde sich über das Wiedersehen genauso freuen wie sie. Genauso sicher, wie sie war, daß er sie über alles liebte. Denn das bestätigte er ihr alle paar Tage, wenn er sie anrief und ins Telefon schmachtete. Als sie ihm beim nächsten Telefongespräch aufgeregt erzählte, daß sie es einfach nicht mehr ohne ihn aushalte und schon so gut wie auf dem Weg zu ihm sei, kamen ihr die ersten Zweifel. Seine Reaktion war ganz anders, als sie erwartet hatte. An seiner Stimme merkte sie, daß er keineswegs erfreut war über das baldige Wiedersehen, sondern eher nervös und fahrig reagierte. Schließlich meinte er, er müsse am Wochenende zu einem Kongreß nach Wiesbaden und werde deshalb gar nicht in Hamburg sein. Der spontanen Elisabeth war das kein Problem. Dann komme sie eben auch nach Wiesbaden anstatt nach Hamburg, meinte sie. Sie würde das Flugticket einfach umbuchen. Er reagierte allerdings nicht mit derselben Spontaneität. Er meinte bedauernd, daß er beim Kongreß so viel zu tun haben würde, daß er gar nicht wüßte, wie er Elisabeth zeitlich einschieben könnte. Sie müßten das gemeinsame Wochenende auf ein anderes Mal verschieben, meinte er ein wenig zu trocken. Ehe sie sich, den Tränen nahe, verabschiedeten, versprach er, sie bald in München oder sonstwo zu treffen. Gleich nach dem Umbau, der sich gerade in einer schwierigen Phase befinde.
Elisabeth, die zum Glück eine sehr mitteilsame Frau ist, erzählte den Freundinnen, was geschehen war. Nun rückte Elfi mit der Wahrheit heraus. Aber Elisabeth wollte kein Wort glauben. Also griff Elfi zur brutalen Methode und machte einen Vorschlag, der einstimmig angenommen wurde.
Elisabeths Faxgerät war mit Telefon und Freisprechanlage ausgerüstet, also konnte man über einen Lautsprecher die Gespräche mithören. Elfi rief bei der Nummer an, die sie in

Hamburg eruiert hatte. Eine Frauenstimme meldete sich. Elfi gab sich als eine österreichische Kollegin von Richard aus und sagte, daß sie ihn am Wochenende beim Kongreß in Wiesbaden treffen werde und einige Unterlagen von ihm benötige. „Aber Richard fährt doch zu gar keinem Kongreß. Wir fahren übers Wochenende auf eine Almhütte“, meinte die Frauenstimme. „Sind Sie seine Frau?“ fragte Elfi ganz trocken. „Im Prinzip schon“, sagte die Stimme verunsichert. „Warum fragen Sie?“ Dann nahm Elisabeth Elfi den Hörer aus der Hand. Mit gefaßter Stimme fragte sie, ob die Dame am anderen Ende die Frau jenes Richards sei, der mit seinem Vater in Tunesien Golfspielen war. Die andere bejahte, mehr und mehr verunsichert. Dann sagte Elisabeth, daß sie die Telefonnummer seines Vaters, der ja so nett war, verloren habe und ob sie die noch einmal haben könne. Erleichtert gab die Frau in Hamburg die Telefonnummer von Richards Vater durch und fragte noch, wer denn eigentlich die Anruferin sei und was das mit dem Kongreß zu bedeuten habe. „Sagen Sie Richard einfach . . . der Irrtum mit dem Kongreß in Wiesbaden habe sich erledigt, und auch der Kongreß in Wien sei geplatzt.“ Dann legte Elisabeth den Hörer auf und brach in Tränen aus. „Wie konnte er mich nur so belügen? Mich und diese arme Frau. Vielleicht betrügt er sie nicht nur mit mir!“ Den einzigen Trost, den ihr die Freundinnen spenden konnten, war, daß Elisabeth noch relativ früh die Wahrheit erfahren hatte. Sonst hätte sie vielleicht noch lange ihre kostbare Zeit an jemanden verschwendet, der auf Abenteuerjagd war und eindeutig noch eine Trophäe für seine Sammlung gesucht hatte. Außerdem, meinte Elfi, war er lange nicht so attraktiv wie Paul Newman und schon gar nicht so reich wie Bill Gates. Also warum auch nur eine einzige Träne vergießen?

Einen Tag nach Elisabeths Telefonat nach Hamburg kam ein wütender Anruf von Richard. Was sie sich einbilde, ihm nachzuspionieren, statt ihm zu vertrauen. Die Beziehung zu der anderen sei nur mehr eine Formsache, und er habe nur noch nicht den richtigen Zeitpunkt gefunden, ihr die Wahr-

heit zu sagen. Elisabeth solle nicht so ungeduldig sein. Er würde in Bälde alles regeln.
Elisabeth war verwirrt. Gerne hätte sie ihm geglaubt. Sie stellte ihm ein Ultimatum von einer Woche. Wenn es stimmte, was er sagte, müßte das ausreichen, um sich zwischen den beiden Frauen zu entscheiden. Er könne sogar das Wochenende auf der Alm dazu benützen, der anderen reinen Wein einzuschenken. So lange wollte sie noch auf ihn warten.
Er meldete sich nie wieder bei ihr. Es war auch nicht anders zu erwarten gewesen. So schnell war sie ihn los. Hätte Elisabeth seine Lebensgefährtin nicht geschont und ihr die Wahrheit über Richard gesagt, hätte auch die sich möglicherweise dazu entschlossen, ihn loszuwerden. Aber sie hat ihn noch und er immer wieder ein neues Urlaubsabenteuer, wenn er seinen Vater liebenswürdigerweise zum Golfen begleitet, damit der alte Herr nicht alleine reisen muß. Doch das ist eine andere Geschichte.

Auf einen Blick

- Hände weg von Traummännern, die schon eine andere haben. Statistisch gesehen ziehen Sie auf jeden Fall den kürzeren.
- Wenn Sie ihn schnell loswerden wollen, stellen Sie ihm ein Ultimatum. Das können Männer nicht leiden. Wollen Sie ihn behalten, so bitten Sie Ihre Konkurrentin, ihm das Ultimatum zu stellen. Dann wird wenigstens die ihn los, und Sie können sich immer noch überlegen, ob Sie ihn haben wollen.

Kapitel 7

Loswerden leicht gemacht

Auch über Männer, die ganz eindeutig nicht gebunden sind, sollte man sich genau informieren, ehe man eine Beziehung mit ihnen eingeht. Alles, was männlich, über 35 und ledig ist, ist suspekt. Ist er vielleicht so unmöglich, daß ihn keine will? Schnarcht er in der Nacht so grauenhaft, daß man es in derselben Wohnung nicht aushält? Verwandelt er sich bei Vollmond in einen Werwolf? Rülpst er in der Öffentlichkeit so laut, daß Sie sich am liebsten unsichtbar machen würden? Ist er auf jede Frau, die in seine Nähe kommt, geil und macht sie an? Stinken seine Füße, hat er Mundgeruch, oder verwendet er kein Deo? Hat er einen Mutterkomplex? Ist er ein Gigolo? Vielleicht hat er aber einfach auch nur Beziehungsängste oder ist schwul. Bedenken Sie aber, daß auch Bombenleger, Spione und Triebtäter in erster Linie Einzelgänger sind und als Beziehungspartner mit höchster Vorsicht zu genießen, wenn nicht überhaupt gleich abzulehnen sind. Also, wenn sich einer absolut nicht unter die Lupe nehmen oder hinter die Fassade blicken lassen will, dann Hände weg. Aus dem wird nie und nimmer ein Traummann, egal, wie gut er sich maskieren kann.

Wir wollen aber annehmen, daß Sie die Sachlage gründlich zu Ihrer Befriedigung überprüft und einen gefunden haben, mit dem es sich lohnt, „es“ zu riskieren. Dann nichts wie ran an den Mann.

Nehmen Sie das Schicksal in die eigene Hand, und lassen Sie sich keinesfalls von gutmeinenden Ex-Ehemännern, Müttern oder Söhnen beeinflussen. Die haben, zumindest was Männer betrifft, mit Sicherheit andere Ansichten als Sie. Daß sie häufig auch den besseren Überblick haben, nämlich ohne rosarote Brille, läßt uns, die direkt Betroffenen, meist nur rotsehen.

Wenn Sie Ihren neuesten Lover schnell wieder loswerden

wollen, machen Sie es ihm so leicht wie möglich, Sie zu erobern. Oder noch besser: Drehen Sie den Spieß um. Beweisen Sie ihm, daß Sie der bessere Mann sind. Viele Frauen sind das ohnehin, nur sind sie so diskret dabei, daß die Männer es lange nicht merken.

Vielleicht ist er Ihnen dankbar, daß ihn endlich eine Frau gefunden hat, mit der er sich in bezug auf das Fangenspielen um nichts kümmern muß. Seit er ein kleiner Junge ist, ist er darauf trainiert, alle Impulse zu setzen, um einer Frau zu imponieren. Möglicherweise ist er ohnehin gerade zu überarbeitet oder gestreßt, um den Eroberer zu spielen. Vielleicht ist er aber auch nur zu schüchtern, um den ersten Schritt zu machen. Haben Sie nicht auch schon bemerkt, daß Männer plötzlich schüchtern werden, wenn sie mit einer tollen Frau konfrontiert werden? Wenn er nicht gerade ein Rüpel ist, wird er Ihr freundliches Angebot, den ersten und zweiten Schritt zum Glück als erste zu tun, nicht ablehnen. Sollte er aber gerade wirklich keine Zeit haben, sondern einstweilen nur Telefonnummern mit Ihnen austauschen und Sie auf ein anderes Mal vertrösten wollen, bombardieren Sie ihn einfach mit Anrufen. Irgendwann werden Sie ihn schon in einem schwachen Moment erreichen. Noch eindrucksvoller ist es, wenn Sie seine Adresse herausfinden und einfach vor seiner Tür stehen. Das erspart unnötige Umwege, und Sie kommen viel rascher zum Punkt. Sie kennen doch das bewährte Sprichwort: „Zeige mir, wie du lebst, und ich sage dir, wer du bist." So haben Sie gleich zwei Fliegen mit einer Klappe erschlagen und müssen nicht erst auf eine Einladung warten.

Nehmen wir nun den Normalfall an. Er freut sich auf die Gelegenheit, mit Ihnen ausgehen zu dürfen. Lassen Sie sich auf jeden Fall von ihm abholen, dann sehen Sie gleich, was für einen Wagen er fährt. (Haben Sie Ihre Liste bei sich?) Suchen Sie sich ein teures Lokal aus. Im Fall, daß er sich ziert, haben Sie schon den ersten Beweis, daß er ein Sparmeister ist. Wenn Sie so einen suchen, bitte schön. Schon haben Sie ihn gefunden. Wenn Sie allerdings auf Luxus stehen, beharren Sie trotzdem auf diesem Lokal. Es könnte dann so und so das letzte gemeinsame Abendmahl werden, und schon sind Sie ihn los.

Wenn Luxus in Ihrem Leben einen besonderen Stellenwert hat, ist es jedenfalls für ihn immer das optimalste, wenn er sich gleich von Anfang an auf Ihre Wünsche einstellen kann. Dann nämlich wird er Ihnen niemals den andernfalls berechtigten Vorwurf machen können, daß Sie ihn getäuscht haben.

Also, zur Sache – der Anmache. Auch wenn Sie sich nicht so ganz natürlich in Ihrer Haut fühlen, Sie müssen den Köder auslegen.

Lassen Sie sich von der omnipotenten Frauenbewegung, die gegen Männer und Medien hetzt, weil sie uns immer noch als Sexobjekt darstellen, nicht einschüchtern. Besonders dann nicht, wenn Sie um Ihrer selbst willen – also in erster Linie als Frau – geliebt werden wollen. Frauen werden für Männer bis zum Ende der Zeit immer irgend etwas mit Sexualität zu tun haben. Warum sollte das auch anders sein? Umgekehrt ist es ja genau so und nicht anders, speziell in der Werbephase. Irgendwann einmal später wird er Sie vielleicht nur mehr deshalb lieben, weil Sie so ein herzensguter oder treuer oder anhänglicher oder zur Gewohnheit gewordener Mensch sind und nicht, weil Sie weiß Gott wie toll aussehen. Das nämlich nehmen Männer aus irgendeinem Grund nach mehreren gemeinsamen Jahren gar nicht mehr richtig zur Kenntnis. Es sei denn, Sie lassen sich gehen. Das fällt relativ schnell auf. Aber ob Sie nun eine neue Frisur haben, ein neues Make-up oder ein neues Kleid, bemerken Ehemänner im allgemeinen nur ganz selten, meist nur dann, wenn es sie Geld kostet.

Es ist nicht von der Hand zu weisen, daß es im Geschlechterkampf anfänglich in erster Linie um die Sexualität geht. Deshalb sind sinnliche Frauen einfach „besser an den Mann zu bringen“ als „nur“ intelligente oder „nur“ liebenswerte oder „nur“ sonstwie geartetete. Das alleine ist kein Blickfang. Dazu müßte man erst einmal in die Tiefe gehen. Aber den

Blickfang brauchen wir, denn Männer verweilen bekanntlich immer länger an der Oberfläche als Frauen. Deshalb muß für sie einfach die Oberfläche, also das Sichtbare stimmen, um ihr Interesse zu schüren. Umgekehrt ist es doch nicht anders, meine Damen.
Wenn Sie sich aber wirklich unwohl dabei fühlen, sinnlich und attraktiv auszusehen (es soll auch solche Frauen geben), dann können Sie ja beim überübernächsten Treffen ruhig wieder Sie selbst sein. Bis dorthin hat er hoffentlich schon Feuer gefangen.
Was aber tun, wenn er sich entgegen allen Erwartungen ziert? Als Entschuldigung gilt einzig und allein ein intakter Ehering. Ansonsten sagen Sie ihm, es war nur eine Laune des Augenblicks, und nach genaueren Überlegungen sei eine Beziehung ohnehin das letzte, was Sie gerade brauchten. Und dann nichts wie ran an den nächsten Mann. Übrigens dürfen Sie nicht verzagen, wenn es nicht gleich so klappt, wie Sie es sich wünschen. Es ist keine Schande, Erfahrungen zu sammeln, ehe man sich auf seinen Lorbeeren ausruht.
Wenn er aber, wie wir annehmen, doch an Ihrem Angebot Interesse zeigt, seien Sie direkt. Umwege dauern nur länger und führen letztendlich zum selben Ziel. Erzählen Sie von sich selbst, und streichen Sie Ihre Vorzüge heraus. So muß er nicht mühevoll selbst dahinterkommen, was für eine tolle Frau Sie sind. Wenn Sie unabhängig sind, eine eigene Wohnung haben und genügend Geld verdienen, um sich einen angenehmen Status zu leisten, halten Sie nicht hinter dem Busch damit. Männer sind heilfroh, Frauen zu treffen, für die sie keine Verantwortung übernehmen müssen und die sie keinen Pfennig kosten. Fragen Sie ihn deshalb gleich vorweg, wieviel er verdient und wann er Aussicht auf Gehaltserhöhung hat. Wenn es weniger ist, als Sie verdienen, zahlen Sie die Rechnung. Er soll gleich von Anfang an merken, wie bequem und unkompliziert das Leben mit Ihnen ist und wie großzügig Sie sind.
Wenn der erste Schritt geschafft ist, scheuen Sie nicht den nächsten. Sie sind doch eine moderne Frau, oder? Haben

Sie Lust, ihn mit in Ihre Wohnung zu nehmen? Tun Sie es doch einfach. Er ist darauf trainiert, daß es umgekehrt sein muß, aber wenn er ein Gentleman ist, wird er Ihnen schon keinen Korb geben. Auch müssen Sie nicht geduldig auf den ersten Kuß warten, wenn Sie schon vor ihm Lust darauf haben und er keine Anstalten dazu macht.

Vielleicht ist er einfach nur zurückhaltend und schüchtern. Es soll ja auch solche Männer geben. Besonders wenn sie schon viele Abfuhren erlebt haben. Er ist Ihnen vielleicht sogar dankbar, daß endlich einmal eine Frau auf ihre eigenen Bedürfnisse achtet. Er ist ja ohnehin schon mit seinen so schwer beschäftigt.

Seien Sie ruhig aggressiv. Das wird ihn beeindrucken! Er soll gleich zu Beginn merken, daß Sie die Stärkere sind. In der Tiefe ihrer Seele wissen die Männer das ohnehin, denn das haben sie ja eigentlich schon von ihren Müttern gelernt. Nur verdrängen oder bekämpfen sie es meist schon in der Pubertät, deshalb brauchen sie ab und zu etwas Nachhilfeunterricht. Und wenn er der Richtige ist, wird er es Ihnen auf keinen Fall übelnehmen.

Lassen Sie keine Zweifel über Ihre Wünsche offen. Man soll gleich klare Verhältnisse schaffen, damit später keine Mißverständnisse aufkommen. Sie haben doch eine genaue Vorstellung von Ihrer Beziehung. Also sagen Sie ihm klipp und klar, wieweit Sie gewillt sind, Kompromisse einzugehen, wie viele Kinder Sie gebären möchten, ob Sie nach der Eheschließung Ihren eigenen Namen behalten möchten und wie Sie sich die Aufteilung der Haushaltskosten und -pflichten vorstellen. So kann er sich mental gleich darauf vorbereiten. Das spart Zeit.

Wenn Sie all das tun, und er trotzdem nicht gleich Reißaus nimmt, dann: mein Beileid. Den werden Sie nicht so schnell wieder los.

Ist Ihnen aufgefallen, daß sich immer der gleiche Schlag Mann für Sie interessiert, obwohl genau das die Typen sind, die Sie gerne links liegenlassen würden? Dann liegt es wahrscheinlich daran, daß Sie auf genau diese Männer eine spe-

zielle Wirkung haben. Möglicherweise verwirren Sie sie mit Ihrem Äußeren, dann müssen Sie sich ein anderes Image zulegen. Fragen Sie sich vor dem Spiegel nicht: „Wie sehe ich am besten aus?“, sondern eher: „Wie falle ich am meisten auf?“ und: „Welchen Köder lege ich für den Mann, den ich will?“ Ist er selbst von auffallender Erscheinung, möchte er genauso ein Frauchen an seiner Seite. Ist er eher der Graue-Maus-Typ, dann wird ihn eine stark geschminkte Frau möglicherweise hemmen, und Sie müssen auf eine andere Art auffallen. Wenn Sie sich ohnehin regelmäßig schminken, trauen Sie sich doch, auch durch Ihre Schminke aufzufallen. Oder ziehen Sie sich Klamotten an, die modischer sind als das, was Sie sonst tragen, und denen man anmerkt, daß Sie sich „besonders“ darin fühlen. Sie werden erleben, daß Ihnen plötzlich ganz andere Männer nachblicken als sonst.
Die dreißigjährige Julia, zum Beispiel, machte eine interessante Erfahrung, als sie zum ersten Mal ein Kostüm trug. Die akademische Malerin mit wallendem, dunkelblondem Haar, deren Alltags-Outfit in erster Linie aus Jeans, einem langen T-Shirt und Sneakers bestand, lieh sich von ihrer Schwester ein strenges Kostüm, Übermantel und Stöckelschuhe. Nämlich an dem Tag, als sie vor den Scheidungsrichter mußte und auch gleichzeitig Alimente für ihren kleinen Sohn beantragen wollte. Mutter und Freundin überzeugten sie, daß sie so, wie sie sich normalerweise kleidete, nicht vor Gericht erscheinen konnte. Woher sollen Richter die Zeit nehmen, die Menschen, über die sie richten müssen, auf Herz und Nieren zu prüfen? Das tun sie, wenn sie gewissenhaft sind, in Fällen, in denen ein Verbrechen geklärt werden soll. Aber bei den meisten anderen Fällen machen sie sich ihr Bild – wie die Mehrzahl unserer Mitmenschen – nach dem, was sie sehen und hören. Ist ja auch logisch. Wenn man also das Wohlwollen des Richters wecken will, muß man sich leider nach dem Klischee richten. Eine ordentliche Mutter, die ihr Kind ordentlich erzieht, muß selbstverständlich auch ordentlich aussehen.
Glücklicherweise für Julia und unglücklicherweise für ihren

Exmann ließ sie sich von Mutter und Schwester überzeugen. Auf die Idee, ihr wallendes Haar in einen Knoten hochzustecken, weil das ja auch „ordentlicher" und sehr viel konservativer aussah, kam sie selbst.
Die Taktik half, und alles ging glatt. Julias Exmann war zwar leicht verwirrt wegen Julias optischer Täuschung, das war in dieser speziellen Situation aber wirklich nicht ihr Problem.
Nach dem Gerichtstermin setzte sich Julia zur Entspannung in ein Café gegenüber dem Amtsgebäude und las die Tageszeitungen, ein Luxus, den sie sich sonst nur ganz selten leistete. Kurze Zeit später wurde sie von zwei Herren in Anzug, Krawatte und Aktentasche gefragt, ob sie sich zu ihr an den Tisch setzen könnten. Sie war zwar leicht irritiert, weil sie den Tisch lieber für sich alleine gehabt hätte, aber nachdem alle anderen Tische besetzt waren, hatte sie keine Wahl. Bald kamen sie ins Gespräch, und, wie das Leben so spielt, vor kurzem hat sie den älteren der beiden, einen etablierten Anwalt, geheiratet. Niemals hätte er sie, wäre sie in ihrem lässigen Jeans-Outfit im Café gesessen, angesprochen. Männer sind genauso voreingenommen wie Frauen. Und was das betrifft, waren Julia Männer in Anzügen und Krawatte immer suspekt gewesen. Sie stellten etwas dar, mit dem sie sich nicht identifizieren wollte: das Establishment. Ihr gefielen eher die coolen Typen in Jeans und Lederjacken, die mit Krawatten nichts am Hut hatten.
Mittlerweile ist sie draufgekommen, daß konservative Kleidung nicht unbedingt heißen muß, daß der Mann unlocker ist. In vielen Fällen bedeutet sie einfach, daß sich der Träger an gewisse Konventionen hält. Viele Berufe bringen es mit sich, daß man sich in einer bestimmten Weise anpaßt. Wichtig ist, was unter der Kleidung und vor allem unter der Haut steckt. Denn die Hülle, wie wir ja wissen, ist in Null Komma nichts auswechselbar. Nur weil jemand cool und locker in einer bestimmten Montur aussieht, muß das noch lange nicht heißen, daß er es auch wirklich ist.
Silvia, zum Beispiel, eine Französischlehrerin, hat sich

durch ihre Kleidung und ihre Accessoires ein Image kreiert, das ihr wenig Glück und jedenfalls immer die falschen Männer bringt. Die Jeans- und Lederjackentypen, die Julia früher hatte, sind genau die Typen, die Silvia gefallen. Aber dafür geht sie es falsch an. Sie liebt edlen, alten Schmuck, den sie schächtelchenweise von ihrer Großmutter geerbt hat, trägt aber viel zuviel davon auf einmal. Außerdem greift sie täglich etwas zu tief in den Schminktiegel, weil sie davon überzeugt ist, ohne Make-up nicht schön genug zu sein. Aus demselben Grund läßt sie einen beachtlichen Teil ihres Einkommens bei wöchentlichen Friseurbesuchen, um ihr naturblondgewelltes Haar in eine Fönfrisur verwandeln zu lassen. Allerdings muß man ihr zugestehen, daß sie immer fast perfekt aussieht. Für diesen Look zahlt sie schließlich auch viel Geld. Aber es ist eben nur „fast perfekt", weil es von allem ein bißchen zuviel ist: Zuviel Schmuck auf einmal, zuviel Make-up, und ihre Frisur sitzt einfach zu gut.
Trotzdem wäre alles wunderbar, wenn es nicht immer die gleichen Männer wären, die sich für sie interessieren und die sie fürs Leben nicht ausstehen kann. Jene mit Goldarmbändern und Goldketten, manikürten Fingernägeln und den ihr so verhaßten gefönten Haaren. Solche eben, die von der Optik her dasselbe ausstrahlen wie sie. Dabei müßte man Silvia davor warnen, diesen Männern stets allzuschnell die kalte Schulter zu zeigen. Es könnte sich nämlich sogar hinter den Goldketten und unter den gefönten Haaren der Langgesuchte verstecken. Wie wir ja schon wissen, tritt ein Prinz oft in Froschgestalt auf. Genauso wie Silvia, die ja eigentlich für viele Männer die Traumfrau wäre, ehe sie das Froschkleid anzieht, um das Haus zu verlassen. Vorher sieht sie nämlich reizend aus, ehrlich. Aber sie will uns Frauen, die es ihr schon viele Male gesagt haben, nicht glauben, und so gibt sie den coolen Typen, denen sie nachlechzt, nie eine Chance, sie so zu sehen, wie sie wirklich ist.
Also, wenn Sie sich auf die Jagd begeben, überlegen Sie, ob Sie die Beute wegen des Pelzes oder Federkleides einfangen wollen oder wegen des Charakters. Suchen Sie einen exoti-

schen Vogel, den Sie im Käfig halten müssen, oder ein kuscheliges Haustier? Wollen Sie eine Kleiderpuppe oder einen Gebrauchsmann? Oder vielleicht wollen Sie beides? Auch das gibt es. Man muß nur die nötige Nachsicht entwickeln. Also, Weidmanns Heil!

Sollte es sich herausstellen, daß „er“, nachdem Sie ihn haben, Ihre Ansprüche gar nicht oder jedenfalls nicht zu Ihrer Befriedigung erfüllt, dann lassen Sie sich keine grauen Haare wachsen. Ich kann Ihnen versichern, die Position des Gejagten interessiert ihn so und so nur vorübergehend. Den sind Sie ohnehin bald wieder los.

Hilde zum Beispiel ist eine Expertin für dieses Thema. Sie ist eine Jägerin im doppelten Sinn, und alle ihre Freundinnen beneiden sie wegen der Selbstsicherheit, die sie an den Tag legt. Vehement vertritt sie die Meinung, daß die alten Regeln, nach denen man die Anmache einzig und allein den Männern überlassen mußte, der Vergangenheit angehören. Hilde hat leicht reden. Sie ist auffallend hübsch, Mitte Dreißig und Marketingchefin einer exklusiven Ladenkette. Sie bewegt sich in der oberen Gesellschaftsschicht und kann sich den Luxus leisten, den sich viele von uns nur erträumen können. Natürlich trägt sie Designerkostüme, fährt ein schnittiges Cabrio und bewohnt ein Innenstadt-Penthouse mit Dachterrassen, die einen meilenweiten Panoramablick freigeben. Hilde ist eine tolle Frau, keine Frage.

Selbstverständlich hat Hilde niemals ein Problem, die passende Begleitung für einen Abend zu finden, und hat auch keine Hemmungen, sich diese Begleitpersonen durch ihre Sekretärin organisieren zu lassen. Aber es dauert nie lange, bis Hilde das Interesse am jeweiligen Begleiter verliert. Immer wieder stellt sich heraus, daß sie den Herzeigemännern in jeder Beziehung überlegen ist. Sobald die Designerklamotten fallen, verblassen sie.

Bis Dieter kam, war Hilde, wie so viele andere Frauen, fest überzeugt, der richtige Mann für sie sei noch nicht geboren. Dann trat „er“ in ihr Leben. Dieter ist Vorstandsmitglied einer großen Bank und ähnlich repräsentabel wie Hilde. Bei einer von Dieters Bank gesponserten Vernissage sah sie ihn zum ersten Mal. Er faszinierte sie vom ersten Augenblick an. Den mußte sie haben. Aber wie sehr sie auch versuchte, seine Blicke einzufangen, es gelang ihr nicht. Was ihr Interesse natürlich noch mehr schürte. Und als erfolgreiche Frau würde sie auch diesmal bekommen, was sie haben wollte. Das spürte sie, und ihre Jagdlust war aufs höchste entfacht.

Da sie den ausstellenden Künstler kannte, bat sie ihn, ihr Dieter vorzustellen. Trotz seiner leitenden Position schien er eher still und sogar etwas schüchtern, was einen zusätzlichen Reiz für sie hatte. Er war höflich und sanft und hatte nicht den üblichen Anmacheschmäh, den sie schon in- und auswendig kannte und fürs Leben nicht ausstehen konnte. Dieter war anders. Davon war sie überzeugt. Aber irgendwie kam sie nicht wirklich an ihn heran. Immer wieder versuchte sie, ihn in ein Gespräch zu verwickeln, aber er entschuldigte sich jedesmal, um sich auch den anderen Gästen widmen zu können. Immerhin sei er der Gastgeber und müsse nach dem Rechten sehen, meinte er. Also mußte sie sich eine Taktik überlegen, was ihr nicht schwerfiel. Taktieren war ihr täglich Brot, und was im Beruf funktioniert, geht auch im Privatleben. Davon war sie überzeugt. Auch ihn würde sie davon überzeugen.

Sie lud ihren Freund, den Künstler, und noch einige Auserwählte nach der Vernissage in ihr Penthouse. Natürlich auch den Gastgeber. Sie wußte, daß sie mit ihrem luxuriösen Dachgarten imponieren konnte. Und die Rechnung ging voll auf. Nach mehreren geleerten Flaschen Champagner war ihr Bankdirektor soweit aufgetaut, daß er sich ihr anvertraute. Er hatte gerade eine schmerzhafte Scheidung hinter sich gebracht und war froh, auf ihrer wunderbaren Terrasse seine Seele baumeln lassen zu können. Kurz überlegte sie, ob sie sich gleich am ersten Abend näher mit ihm einlassen sollte. Sie traute sich zu, ihn dazu überreden zu können, bei ihr zu übernachten. Er schien gerade so verletzlich und weich. Sie hatte große Lust, ihn einfach in ihre

Arme zu nehmen und ihn alles vergessen zu lassen. Gerade als sie sich zurechtgelegt hatte, wie sie es angehen würde, kam der Künstler und bot Dieter an, ihn nach Hause zu fahren. Was zu ihrem Mißfallen dann auch geschah.
Am nächsten Tag hinterließ sie bei Dieters Sekretärin eine Nachricht und bat um Rückruf. Als sie nach zwei Tagen noch nichts von ihm gehört hatte, war sie sicher, er sei entweder verreist oder die doofe Sekretärin habe ihm ihre Nachricht nicht weitergeleitet. Also rief sie noch einmal an. Diesmal war zwar wieder die Sekretärin an der Strippe, aber nach ein paar Sekunden Wartezeit wurde sie verbunden. Dieter entschuldigte sich, daß er es verabsäumt hatte, sie sofort zurückzurufen. Es sei eine sehr arbeitsame Woche gewesen, meinte er, aber er hätte sich in den nächsten Tagen ohnehin gemeldet. Hilde, die ja selber eine gestreßte Geschäftsfrau ist, war verständnisvoll und schlug ein gemütliches Abendessen bei ihr zu Hause vor. Er hatte zwar die nächsten Tage keine Zeit, nahm die Einladung aber für Sonntag abend an. Zeit genug für Hilde, um sich eingehend über Dieter, seine Hobbies und seine Vorlieben zu erkundigen.
Klar, daß er beeindruckt war, als er Sonntag abend mit einem Glas Champagner begrüßt wurde und seine Lieblingsmusik leise aus den Lautsprechern, die in allen Zimmern der Wohnung eingebaut waren, ertönte. Sogar in der Küche konnte er mitsingen, nachdem ihn Hilde gebeten hatte, die Salatsauce zu mischen. Natürlich hatte sie die feinsten Öle und Gewürze vorbereitet. Sie hatte nämlich erfahren, daß Dieter fürs Leben gerne kochte. Und beim Trüffelreiben gab es den ersten Kuß. Man muß dazu noch sagen, daß Hildes tief dekolletierte Seidenbluse und der seitlich hochgeschlitzte Rock sehr aufreizend auf ihn wirkten.
Nach und nach verfiel Dieter dieser wunderbaren Frau, die alles organisierte und ihm die gemeinsame Freizeit auf einem goldenen Tablett servierte. Mit ihrer Hilfe hatte er die schwierige Trennung von seiner Exfrau in wenigen Wochen überwunden, und er war ihr sehr dankbar dafür. Es war al-

les sehr unbeschwert und einfach mit Hilde. Er mußte sich um absolut nichts kümmern. Angefangen von Buchungen von romantischen Wochenendreisen bis zum Einkauf seiner Designerhemden und Krawatten – auch das übernahm sie für ihn – konnte er sich auf sie verlassen. Sogar seinen Hund und seine Zimmerpflanzen versorgte sie, wenn er auf Geschäftsreise fuhr, was alle paar Wochen vorkam, da er zu diversen Sitzungen von internationalen Bankinstituten mußte. Daß er auch manchmal Damenbegleitung dabeihatte, störte sie nicht, weil sie ja nichts davon ahnte. Dieter hatte nicht einmal ein besonders schlechtes Gewissen dabei. Schließlich war er nicht verheiratet, dachte er insgeheim, und sie war es ja, die ihn unbedingt haben wollte. Er war seiner Exfrau immer treu gewesen und wollte sich jetzt, wo er geschieden war, zumindest ein wenig austoben, ehe er sich wieder fix an eine Frau band. Und das hatte er im Moment so und so nicht vor. Außerdem hatte er Hilde ohnehin schon zweimal mitgenommen.
Nach einigen Monaten beschloß Hilde, Dieter sei der Mann ihres Lebens. Sie war überzeugt, daß er derjenige war, mit dem sie eine Familie gründen wollte. In ihrer Phantasie stellte sie sich die hübschen Kinder vor, die sie gemeinsam haben würden. Er hatte ihr zwar zu verstehen gegeben, daß ihm die eine Ehe gereicht hatte, aber sie war guter Dinge, daß sie auch diese Hürde schaffen würde. Wenn Hilde sich etwas vornahm, schaffte sie es immer. Sie hatte ein Talent, alles haargenau so zu organisieren, daß es wie ein Puzzle in ihre eigenen Pläne paßte. Ihre Partner – sowohl im Geschäfts- als auch im Privatleben – hatten nie auch nur die leiseste Ahnung, daß sie Teil einer vorsorglich programmierten Situation waren. Das war Hildes Erfolgsrezept.
Die Weihnachtszeit stand vor der Tür, und sie schenkte Dieter eine Reise nach Las Vegas. Zwar haßte sie Glücksspiele, aber Dieter hatte hin und wieder Lust auf einen Casinoabend und schwärmte ihr des öfteren vor, wie überwältigend das Spielerparadies in Nevada sei. Und während der gesundheitlich schwer angeschlagene und leicht schwan-

kende Frank Sinatra mit immer noch glasklarer Stimme den Uralt-Hit „I did it my way" bei einem exklusiven Auftritt im berühmten Cesars Palace Hotel schmetterte, machte sie Dieter nach dem vierten Manhattan extra dry eine Blitzehe schmackhaft. Er sah es eher als Gag und meinte sogar halb im Scherz, bei der nächsten Las-Vegas-Reise könnten sie sich ja genauso blitzartig wieder scheiden lassen. Sie war euphorisch und sicher, daß er genauso glücklich war wie sie. Sie waren doch das perfekte Paar und harmonisierten hervorragend.

Wieder daheim, erzählte er allen Freunden, daß er ihr einfach nicht habe widerstehen können. Hilde hatte für die Hochzeit alles heimlich organisiert, und was in aller Welt konnte er dagegen haben, mit so einer tollen Frau verheiratet zu sein? Was konnte schon schieflaufen? Hilde würde so und so alles wieder in Ordnung bringen. Er wußte, auch darum mußte er sich nicht kümmern.

Alles lief nach der Hochzeit genauso wie zuvor. Für Dieter war es ein streßfreies und angenehmes Dasein. Er war zu Hilde ins Penthouse gezogen und zahlte zwar die Miete, aber mußte sich sonst um nichts kümmern. Er konnte sich voll auf seine Karriere im Bankwesen konzentrieren, und Hilde sorgte für den Rest. Aber nach ein paar Monaten begann es ihr an etwas zu fehlen, obwohl sie anfangs nicht wirklich wußte, was es war. Sie spürte nur ein gewisses Unbehagen, das sich schleichend steigerte. Nach und nach wurde ihr bewußt, wie ungleich höher ihr Einsatz in der Ehe war als der von Dieter. Vergeblich wartete sie darauf, daß er einmal die Initiative für etwas, das sie beide betraf, ergreifen würde. Aber er war weit davon entfernt, etwas ändern zu wollen. Warum sollte er auch? Niemals wäre es ihm zum Beispiel eingefallen, eine gemeinsame Reise zu planen. Das machte ohnehin immer Hilde. Auch kam er nie auf die Idee, sie mit einem romantischen, selbstgekochten Abendessen zu überraschen, denn wenn Hilde wollte, daß er kochte, mußte sie es ihm nur sagen. Er war immer gewillt, ihr einen Wunsch zu erfüllen. Aber sie mußte ihn dazu auf-

fordern. Zwar ließ er ihr regelmäßig jeden Montag von seiner Sekretärin Blumen schicken und nahm sie mit zu Geschäftsessen, wenn sie ihn begleiten wollte, aber das war es auch schon, was ihm an Aufmerksamkeiten einfiel. Niemals wäre er auf den Gedanken gekommen, daß es seiner Frau an etwas fehlen könnte. Sie hatte ohnehin alles, was sie brauchte und was sie sich wünschte. Auch der Haushalt war so organisiert, daß alles automatisch lief, und er fragte sich nie, wer die üppige Pflanzenpracht goß, die ausgebrannten Glühbirnen wechselte, das Holz für den offenen Kamin bestellte und ins Penthouse beförderte, den Schnee von den Terrassen fegte und die Handwerker organisierte. Schließlich hatte all das auch vor seinem Einzug funktioniert. Warum sollte irgend jemand jetzt auf einmal ihn damit belasten wollen? Nein, solche Gedanken kamen ihm gar nicht in den Sinn. Hilde sorgte schon dafür, daß er keine Unannehmlichkeiten hatte. Schließlich war sie es gewesen, die unbedingt hatte heiraten wollen. Also war es ganz klar, daß sie für ein streßfreies Leben sorgte. Und das tat sie zu seiner vollen Befriedigung.
Beim Erfahrungsaustausch mit Freundinnen, die in guten Beziehungen lebten, wurde Hilde klar, wie unausgeglichen ihr Leben mit Dieter war. Und obwohl sie es mit Sicherheit nicht darauf anlegte, eine Ehe wie alle anderen zu führen, mußte sie sich doch eingestehen, daß sich Geben und Nehmen bei ihrem Mann keinesfalls die Waage hielten.
Selbstverständlich hätten sich auch ihre Freundinnen von ihren Männern mehr Aufmerksamkeiten gewünscht. Man kann ja nie genug davon kriegen. Aber wenn sie zum Beispiel gemeinsam verreisen oder ein Möbelstück erwerben wollten, wurde das besprochen und abgewogen und gemeinsam geplant. Sie waren eben nicht so tolle Frauen wie Hilde, die immer alles selbst in die Hand nahm und zur Zufriedenheit aller anderen organisierte. Das war ja auch der Grund, warum sie so eine steile Karriere gemacht hatte. Und die anderen Freundinnen bekamen nicht regelmäßig Blumen per Eilboten und waren deshalb ein ganz klein wenig neidisch.

Natürlich war genau das – daß Hilde immer alles selbst in die Hand nahm und zur Zufriedenheit aller anderen, inklusive Dieter, organisierte – der Grund, warum er in die Ehe eingewilligt hatte. Und um der Wahrheit die Ehre zu geben, war er ja wirklich ein toller Kerl. Er sah gut aus, wußte sich zu kleiden, war gebildet, höflich und zuvorkommend, stellte in der Gesellschaft etwas dar, und Hilde konnte ausgezeichnet mit ihm repräsentieren. Und die regelmäßigen Liebesnächte hatten kaum etwas von ihrer ursprünglichen Leidenschaft verloren, wenn beide nicht gerade von der Überlastung des Tages zu müde waren, um das Feuer anzufachen. Im Alltag gab es so gut wie keine Meinungsverschiedenheiten, außer einer, die aber nur für Hilde ein Problem darstellte – der Kinderwunsch. Der blieb ebenso einseitig wie die Aufmerksamkeiten. Immer wieder mußte sie sich vertrösten lassen und konnte Dieter nicht einmal böse sein, weil er es ja wirklich nur gut zu meinen schien. „Laß uns das Leben gemeinsam doch erst noch ein wenig genießen", meinte er. „Wenn einmal Kinder da sind, haben wir ohnehin nur mehr wenig Zeit füreinander." Sie sah es zwar nicht ganz so, aber am Anfang fügte sie sich. Dann wurde ihr klar, daß sie, wie mit allem bei Dieter, auch hier die Initiative ergreifen mußte, und beschloß, ohne seine Einwilligung schwanger zu werden. Sie hatte die Pille abgesetzt, ohne es ihm zu sagen. „Vier von hundert Frauen, die die Pille nehmen, passiert das eben", schwindelte sie vergnügt. „Es hat einfach so sein sollen." Zu ihrem Unglück fand Dieter die halbvolle Pillenschachtel im Badezimmer und wußte somit, daß sie ihn hintergangen hatte.

Der große Bruch kam, als Hilde im achten Monat ihrer Schwangerschaft erfuhr, daß Dieter ein Verhältnis mit einer Kollegin aus einer anderen Bank hatte. Sie konnte es einfach nicht verstehen. Warum gerade jetzt? Und noch dazu, warum gerade „die"? Sie war zwar hübsch, aber bekannt dafür, daß sie zickig und schwierig war.

Als Hilde die Scheidung verlangte, fiel Dieter aus allen Wolken. Er behauptete, die andere Frau sei schließlich nichts weiter als ein Verhältnis und keine Beziehung. Außerdem könne so etwas schon einmal vorkommen, auch in einer guten Ehe. Hilde sollte sich nur einmal die Statistiken ansehen. Auf keinen Fall wollte er eine Scheidung. Hilde machte ihn vehement darauf aufmerksam, daß sie erstens keine Nummer in einer Statistik sein wolle und daß es zudem unzählige Dinge gab, die ihr in ihrer Ehe mit ihm fehlten. Dieter war wie vor den Kopf gestoßen. Ihm hatte nichts gefehlt, meinte er. Für ihn war die Ehe geradezu perfekt. Auf Hildes Frage, warum er dann ein Verhältnis mit einer anderen Frau begonnen habe, wenn es ihm ohnehin an nichts gefehlt hatte, meinte er schlicht und einfach, Männer seien halt so, und Frauen seien nicht anders, was Hilde heftig dementierte.

Nach nächtelangen Diskussionen konnte Dieter Hilde dazu bewegen, der Ehe noch eine Chance zu geben. Er beendete das Verhältnis und stimmte sogar einer Paartherapie zu, weil Hilde sich davon versprach, daß er ein besserer Partner für sie werden würde. Solch ein Partner, wie sie selbst einer war.

Während der Therapie stellte sich heraus, daß Hilde, obwohl sie eine wirklich vorzügliche Frau war, es Dieter in jeder Beziehung zu leicht gemacht hatte. Er, der Mann und Jäger, hatte bei ihr nichts zu jagen, niemanden aus seiner Reserve zu locken, niemanden zu erobern, keine Trophäe zu gewinnen. Mit Hilde gab es keine Hürden zu überbrücken, keine Flächen zu reiben, keine Nerven zu kitzeln. Alles spielte sich zwar auf einem hohen Niveau ab, aber ohne Tiefen dazwischen, so daß die Hochs hätten herausragen können und man sich nach einem Tief wieder hinaufarbeiten müßte. Daß es für Hilde genügend Tiefs gegeben hatte, konnte er zwar mit seinem Intellekt nachvollziehen, aber nachdem es Hildes private Tiefs waren und sie diese nicht mit ihm geteilt hatte, konnte er sie nur theoretisch begreifen.

Die Geliebte, die er sich genommen hatte, war eine Herausforderung für ihn gewesen. Sie wollte partout nichts mit einem verheirateten Mann zu tun haben, also mußte er harte

Arbeit verrichten und seinen ganzen Charme spielen lassen, ehe sie ihn erhörte. Sie bekam all die Aufmerksamkeiten, nach denen sich Hilde sehnte. Für sie mußte er sich allerhand einfallen lassen, um sie rumzukriegen. Und sie zierte sich bei jedem Treffen und schien jedesmal aufs neue unnahbar. Das machte ihn rasend vor Begierde, und er ließ alle Kunststücke spielen, die er bei Hilde nicht anwenden mußte. Bei der anderen konnte er immer wieder siegen. Somit kompensierte er, was er mit Hilde nicht ausleben konnte: seine Männlichkeit.
Die beiden nahmen einen neuen Anlauf, konnten aber die Ehe nicht mehr kitten. Obwohl beide gewillt waren, einen ehrlichen Versuch zu unternehmen, war es Hilde unmöglich, sich – zumindest im Rahmen dieser Beziehung – zu ändern, zumal sie in ihrer Weiblichkeit arg gekränkt war. Außerdem war sie so sehr ans gewohnte Ruder gefesselt, daß sie es einfach nicht loslassen konnte. Jeder Versuch von Dieter schlug fehl, weil er sich nie im klaren war, wann er dieses Ruder übernehmen sollte. Auch konnte er in diesem Stadium diese Rolle, die ihm schon von Anfang an versagt gewesen war, weil Hilde sie voll ausgefüllt hatte, einfach nicht übernehmen.
Die Mutterrolle fügte der Karriere von Hilde selbstverständlich keinen Schaden zu. Dazu war sie viel zu gut organisiert. Auch Dieter wurde regelmäßig zum Kinderdienst eingeteilt, und hier durfte er sich austoben. Er hatte durchgesetzt, daß sich Hilde nicht in seine Freizeitgestaltung mit der gemeinsamen kleinen Tochter einmischte. Es fiel Hilde schwer, aber sie hielt tapfer durch. Und beim nächsten Mann, schwor sie sich, würde sie alles ganz anders machen. Nur, sie schaffte es nicht, die Theorie in die Praxis umzusetzen.
Jetzt hängt sie in ihrer dritten Ehe und ist gerade dabei, auch diesen Mann loszuwerden. Mittlerweile ist sie auch auf diesem Gebiet Expertin.
Wenn Sie so eine starke Frau wie Hilde sind, und Sie haben einen Mann wie Dieter immer noch an Ihrer Seite, dann muß

man Ihnen zu Ihrem Durchhaltevermögen gratulieren oder aber Sie bedauern. Sie hätten etwas viel Besseres verdient. Denn Sie sind ja sogar noch besser als Hilde. Aber dann haben Sie natürlich auch eine schwierige Aufgabe vor sich. Denn diesen Mann werden Sie offensichtlich so schnell nicht wieder los – zumindest nicht, ohne weiterzulesen.

Auf einen Blick

Um ihn loszuwerden:

- Bombardieren Sie ihn mit Anrufen.
- Treffen Sie Ihre Entscheidungen, ohne ihn einzubeziehen.
- Bestehen Sie darauf, daß er sich von Anfang an auf Ihre Wünsche einstellt.
- Decken Sie Ihre Bedürfnisse und auch alle seine. Dann muß er sich um nichts kümmern.
- Seien Sie aggressiv. So weiß er gleich von Anfang an, daß Sie die Stärkere sind.
- Nehmen Sie alles, was Sie beide betrifft, in die eigene Hand. Dann hat er zwei Hände frei, um sich um die restliche Welt zu kümmern.

Kapitel 8
Die Jagd

Der ureigene Instinkt des Mannes ist der Jagdinstinkt. Es wird sich auch kaum einer finden, der dies allen Ernstes abstreitet. Hat er erst einmal ein Ziel ins Auge gefaßt, geht er mehr oder weniger geschickt daran, es zu erobern. Je unerreichbarer das Wild, um so mehr wird sein Verlangen danach geschürt, obwohl er es vielleicht anfänglich gar nicht in seinem Visier hatte. Wichtig ist, daß es schwer zu kriegen und er der Oberjäger ist.

Ich habe tatsächlich einmal hautnah miterlebt, wie eine zwar relativ attraktive, aber doch im intellektuellen Sinn minderbemittelte – so dachte ich zumindest damals – Geschlechtsgenossin von einem der laut damaliger Pressestatistik zehn meistbegehrten Junggesellen der Bundeshauptstadt erobert wurde, obwohl er seine Angelrute anfangs gar nicht nach ihr ausgeworfen hatte. Nicht nur das – er hätte sie glatt übersehen, wenn sie nicht so widerlich uninteressiert gewesen wäre.

Rita machte unserer Meinung nach alles falsch, was uns, aber auch ihr ziemlich egal war. Sie gehörte nicht zum engen Kreis der Freundinnen, und eine Konkurrentin im Männerdschungel weniger war uns nicht unrecht. Jedenfalls waren wir alle, inklusive ihrer Mutter, überzeugt, die bekommt so und so nie einen Mann, so wie sie Typen behandelte. Sie sah zwar nicht schlecht aus und war gepflegt, aber das sind viele andere Frauen auch und haben trotzdem nicht das Glück, den Supermann zu angeln, egal, wie sehr sie sich darum bemühen.

Aus reiner Langeweile begleitete sie an einem Wochenende ihre Freundin, die mit einem neuen Bekannten und dessen Bruder, Richard, verabredet war, zum Tennisplatz. Höflicherweise fragte Richard Rita, ob sie mitspielen wolle. Gelangweilt meinte sie, Tennis sei fad. Das war neu für ihn, wo sich doch sonst die gesamte schicke Damengesellschaft fast darum prügelte, ihn als Tennispartner zu ergattern. Auf seine Frage, was sie weniger fad fände, antwortete die Doofe banal: „Japanisch essen." Damals war das noch nicht so „in" wie heute, sondern ziemlich ausgefallen. Wer wollte schon rohen Fisch essen? Schon am nächsten Tag folgte seine Einladung zu Sushi, die sie aber ablehnte. Sie meinte einfach, im Moment habe sie keine Lust auf Kaltes. Und außerdem habe sie diese Woche ohnehin keine Zeit. Mit anderen Worten, er mußte sich plötzlich um ein Rendezvous bemühen. Das war ihm schon seit vielen Jahren nicht mehr passiert, und damit war sein Interesse geschürt.

Erst bei seinem dritten Anruf ließ sie sich gnädigerweise in das feinste japanische Restaurant der Stadt einladen und lehrte ihn, mit Stäbchen zu essen. Aber trotz vielen darauf folgenden exklusiven Abenden konnte er sie nie zu einer gemeinsamen Nacht bewegen. In dieser Beziehung war sie unerbittlich und ziemlich altmodisch, wie der Freundinnenkreis anmerkte. Die schicken Frauen im Dunstkreis des so begehrten Junggesellen wollten ohnehin ihren Augen und Ohren nicht trauen. Er interessierte sich nur mehr für die „komische Alte", die nicht viel draufhatte, außer sich zu zieren. Und als er aus lauter Verlangen nach der Unerreichbaren sogar ein Kind mit ihr wollte, meinte sie, ohne Ehering denke sie nicht einmal daran. Das schreckte ihn zwar ab, aber nur kurz. Als er sie zwei Tage später zufällig im Kaffeehaus mit einem anderen Mann sah, wußte er, daß er sie keinem anderen überlassen wollte. Dazu hatte er schon zu viel Zeit und Ehrgeiz in sie investiert.

Heiraten stand zwar noch lange nicht auf seinem Programm, aber vielleicht auf ihrem. Sie hat es uns nie verraten. Und bewußt oder unbewußt machte sie alles richtig. Nachdem sie einen Köder nach dem anderen, in Form von Schmuck, Reisen, hübschen Seidensachen usw., abgelehnt hatte, zückte er den Ehering. Endlich konnte er sie an Land ziehen, aber wer hier den dickeren Fisch bekam, ist wohl klar.

Jetzt steckt sie mittendrin im Klischee: Hat den Mann, den alle anderen wollten, zwei Kinder, eine Wohnung in der Stadt und ein Haus auf dem Land, muß sich mit Personal abrackern und kann sich beim Einkaufen nie entscheiden, ob Chanel besser zu ihr paßt oder doch Versace. Selber schuld. Dabei wäre sie ihn doch so leicht losgeworden. Nämlich schon gleich zu Beginn der Jagdzeit. Denn um der Gefahr des Erlegtwerdens zu entrinnen, braucht man den Spieß ja nur umzudrehen. Frau kann Mann mit Leichtigkeit den Wind aus den Segeln nehmen, indem sie selbst zur Jägerin wird. Denn dann ist sie auf jeden Fall der bessere Mann.

Auf einen Blick

Um ihn loszuwerden, nehmen Sie ihm den Wind aus den Segeln, und werden Sie zur Jägerin! Dann verkriecht er sich schnell wieder in seinen Bau.

Kapitel 9
Geprügelte Machos

Früher wurde allgemein die Meinung vertreten, daß nur die ganz Häßlichen und die Dummen keinen Partner finden. Aber – ist Ihnen nicht auch schon aufgefallen, daß es oft die „wirklich guten“ Frauen sind, die überbleiben? Häufig sind es sogar die besonders Attraktiven oder auffallend Intelligenten. Und die sogenannten „starken“ Frauen. Immer mehr Institutionen profitieren vom Trend in Richtung Kontaktanzeigen – neuerdings auch über Funk und Fernsehen. Ich habe eine heillose Bewunderung für Frauen, die den Mut aufbringen, sich tatsächlich via TV-Sendungen auf Partnersuche zu begeben. Warum gelingt es ihnen wohl nicht, einen geeigneten Partner zu finden? Sie sind durchwegs attraktiv und gebildet, haben Jobs, die es ihnen ermöglichen, sich selbst zu erhalten, haben eigene Fahrzeuge und Wohnungen, leisten sich ihre Urlaube selbst und haben weitgestreute Freizeitinteressen.
Der amerikanische Autor Hugh Morris ist der Meinung, es gebe deshalb so viele Singles, weil sich viele Männer und Frauen irgendwann einmal in ihrem Leben verliebt haben, enttäuscht wurden und nun überzeugt sind, die einzig wahre Liebe in ihrem Leben sei schon vorbei. Dabei hat es sich, laut Morris, damals wahrscheinlich nur um ein heftiges Verliebtsein und nicht um die große Liebe gehandelt. Aber viele dieser Menschen haben Angst vor einer weiteren Enttäuschung, also lassen sie sich lieber auf kein weiteres Abenteuer ein.
Wo also sind die Männer, die gewillt sind, Sie nicht nur auf der Sonnenseite des Lebens zu begleiten? Woran kann dieser Überschuß an guten Frauen wohl liegen? Man denke nur an die zahllosen anhanglosen Herren, die ihr Glück in den ewigen Männerrunden suchen oder sich von einem Lokal zum anderen treiben, allnächtlich in der Hoffnung, irgend-

wann einmal könnte doch die Traumfrau ihren Weg kreuzen. Aber wenn sie es tut, merkt er es nicht einmal. Denn er ist überzeugt, daß es sie ohnehin nicht gibt. Und im Prinzip hat er recht. Das, was er will, findet er einfach nicht. Nicht in dieser Generation, jedenfalls. Was nicht daran liegt, daß es keine Traumfrauen gibt. Im Gegenteil. Es gibt sie mannigfaltig und überall, und mit großer Wahrscheinlichkeit sind auch sie auf der Suche nach „ihm". Aber sie sind einfach nicht mehr gewillt, unterwürfig zu sein.
Die Frau von heute hat viele Schritte vorwärts gemacht, und die meisten Männer fühlen sich dadurch bedroht. Sie sind geprügelte Machos, und oft teilen heutzutage schon ihre Mütter die sogenannten Prügel aus. Sie fühlen sich deshalb so bedroht, weil sie denken, man hat ihnen den Boden ihrer Allmächtigkeit unter den Füßen weggezogen. Früher konnte sich eine Frau ihrer Fesseln, wenn sie die Ehe als solche betrachtete, kaum entledigen. Sie war wirtschaftlich und vor allem durch die Kinder an den Mann gebunden und war seiner Willkür auf Gedeih und Verderb ausgeliefert. Glück in der Ehe war tatsächlich eine Glückssache. Heute gibt es in der industrialisierten Welt kaum noch eine Frau, die sich nicht selbst erhalten kann und von einem Mann abhängig sein muß. Und das haben die Männer noch nicht ganz verkraftet. Dabei vergessen sie, daß auch ihr Leben um vieles erleichtert wurde, weil die Frauen zumeist einen Teil und oft gar die Hälfte oder sogar mehr der gemeinsamen Kosten übernehmen. Sie vergessen nur allzugern, daß sie sich ihre Sportwägen und andere Hobbies, ihre Fernreisen und ihre Häuser nur deshalb leisten können, weil sie nicht mehr im Alleingang für den finanziellen Unterhalt der Familie sorgen müssen.
Also, die Bereitschaft der Männer, die finanziellen Lasten von Haushalt und Familie mit ihren Frauen zu teilen, ist allemal vorhanden und wird auch weitgehend ausgenützt. Solche Männer – und in diesem Fall würde man sie zu der Gattung der Machos zählen –, die ihren Frauen verbieten, außerhalb des Haushalts zu arbeiten, gibt es kaum mehr. Ganz im

Gegenteil. In den sogenannten neuen Ehen gibt es nur mehr wenige Männer, die gewillt sind, ihre Angetraute und den Haushalt alleine zu finanzieren. Sie betrachten es als selbstverständlich, daß die Frau ihren Anteil trägt, auch nachdem sie Mutter geworden ist. Daß sich die Frau dadurch aber den Stand einer gleichwertigen Partnerin verdient, lassen die Herren meist nur in der Theorie gelten und geben sich nach wie vor mit Vorliebe als Macho oder Pascha.
Tatsache ist, daß Frauen nicht mehr so risikofreudig sind wie früher, als Abhängigkeit noch eine große Rolle spielte. Man mußte einfach riskieren, sich mit dem Richtigen eingelassen zu haben, und hoffte, die Beziehung ohne allzu große Schrammen durchzuhalten. Heute ist dieses Risiko lange nicht mehr so gewinnbringend wie früher. Früher konnte sich die Frau, die „Hausfrau", wenigstens noch ab und zu am heimischen Herd ausruhen, nachdem gewaschen, getrocknet, gebügelt, gekocht, geputzt, geflickt, gegessen, abgewaschen und die Kinder ins Bett gebracht waren und der Mann in der Kneipe saß. Wenigstens mußte sie sich nicht auch noch darum kümmern, woher die Kohle kam, außer es handelte sich um jene, die sie vom Keller anschleppte. Heute wird von der Frau erwartet, den gröberen Teil der Haushaltssorgen und oft die Hälfte der Kosten dafür zu tragen. Aber weil viele Männer immer noch mit dem Image im Kopf aufgewachsen sind, sie seien auf jeden Fall die „bessere Hälfte", weil es ihnen ihre Väter vorzuleben versucht haben und ihre Mütter oft noch zu schwach waren, das zu widerlegen, haben sie es nicht mehr ganz so leicht wie früher.

Auf einen Blick

Männer warten oft vergebens auf ihre Traumfrau, weil es das, was sie sich von uns erwarten, kaum mehr gibt – eine, die sich mit ihrem Verdienst an den Haushaltskosten beteiligt, den Großteil der Hausarbeit und Kindererziehung übernimmt und ihn trotzdem Macho sein läßt.

Kapitel 10

Sei alles, nur nicht du selbst

Rollenspiele gehören zu den beliebtesten Beziehungsspielen. Ich meine die Rollenspiele der anderen Art. Jene nämlich, „ich spiele ihm vor, ich sei so, wie er mich haben möchte". Das können Sie beliebig oft ausprobieren, denn das Rollenspiel ist eine interessante Beschäftigung an sich. Viele Menschen tun es ein ganzes Leben lang und verdienen sogar eine Menge Geld damit. Denken Sie an Hollywood. Dort treffen Sie kaum jemanden, der nicht in irgendeiner Rolle steckt. Darum soll man nämlich in L. A. auch zu den Schuhverkäufern, Barmännern und Liftboys immer besonders freundlich sein. Es könnte sich nämlich der nächste Superstar in ihrer Rolle verstecken.

Wenn es aber darum geht, einen Mann zu finden und nicht einen Job, wechseln Sie Ihre Rollen lieber nur dann, wenn Sie auch den Partner wechseln. Ein Mittendrin-Wechsel könnte ihn auf die Idee bringen, Sie brauchten einen Psychiater. Und da sich viele dieser Rollenspiele oft aus dem Unterbewußtsein ergeben, könnte es sogar sein, daß er recht hat. Und das ist teuer.

Wenn Sie trotzdem gewillt sind, für ihn eine Rolle zu spielen, dann suchen Sie sich eine aus, die zu ihm paßt. Dafür sind allerdings einige Recherchen notwendig. Geht er sonntags gerne in die Kirche, so begleiten Sie ihn. Er wird Sie dafür um so mehr lieben. Sie können sich ja, um die Zeit zu überbrücken, im Gedanken überlegen, was wäre, wenn . . . wenn zum Beispiel Jesus einen Zwillingsbruder gehabt hätte oder Maria Magdalena Friseurin gewesen wäre. Vielleicht hätte sie Jesus den Bart geschnitten, statt ihm die Füße zu waschen. Man kann wunderbare Heiligengeschichten erfinden. Das ist schon vielen erfolgreich gelungen.

Geht er gerne wandern? Dann nichts wie rein in die „Krachlederne" und auf zur Alm. Er wird Sie dafür um so mehr lieben. Und wenn Sie sich unvergeßlich machen wollen, schenken Sie ihm einen Gutschein für die Besteigung der Achttausender. Das macht sich gut, und die Chance, daß er ihn einlöst, ist minimal. Wenn doch, sind Sie ihn bedauernswerterweise ohnehin bald los, oder aber er schafft es. Dann ist er auch gleich weltberühmt, und Sie können die Frau hinter dem Mann sein, der es geschafft hat. Das ist ja auch ein nettes Ziel, oder?

Überhaupt sollte man den starken Frauen hinter den berühmten Männern etwas mehr Mut machen. Heraus aus der Verbannung, Mädels! Von eurer Großzügigkeit, immer im Hintergrund zu stehen, hat selbstverständlich in erster Linie er etwas. Was nicht heißen soll, daß er nicht gewillt ist, euch an seinem Luxusleben teilhaben zu lassen. Aber so werdet ihr ihn nie los. Im Gegenteil. Ihr erfüllt ja einen Teil seiner Klischeevorstellungen.

Caroline, zum Beispiel, ist die Ehefrau des international anerkannten Filmregisseurs G. A. Jetzt sind sie beide Ende Vierzig, aber sie wurden schon auf der Filmhochschule ein Liebespaar. Carolines Akademiefilme fanden immer mehr Anklang als G.s, was die Beziehung erheblich streßte. Also steckte Caroline zurück, hörte auf mit der kreativen Filmerei und wurde Produzentin. In dieser Position verhalf sie ihrem Mann zum Ruhm, indem sie Geld für seine Projekte auftrieb und sich sogar um den Verleih im Ausland kümmerte. G. A. hat niemals abgestritten, daß er Caroline viel verdankt. Deshalb investierte er einen guten Teil seiner Gagen für ein herrliches Haus mit jedem erdenkbaren Luxus.

Alles in allem sind Caroline und G. A. ein gut funktionierendes Paar. Wo immer sie gemeinsam in der Öffentlichkeit auftreten, eilen auch schon Pressefotografen, Adabeis und Anbeterinnen herbei, und Caroline verschwindet immer sofort von seiner Seite, damit der große Meister die Aufmerksamkeit für sich alleine genießen kann, denn das braucht er für sein Ego und streitet es auch gar nicht ab. So ehrlich ist er. Aber er ist auch genauso ehrlich, indem er ihr immer wie-

der versichert, wie nett er es findet, daß sie ihm alle Unannehmlichkeiten abseits der Filmerei vom Leibe hält. Nicht genug, daß sie ohnehin einen eigenen Beruf ausübt, versorgt sie nebenbei noch im Alleingang den Haushalt, die Kinder, besucht die Elternsprechtage in der Schule, besorgt G.A.s Flugtickets, bestellt seine Hotelzimmer, die er dann regelmäßig mit seiner Regieassistentin und jahrelangen Geliebten teilt, und läßt ihn alleinherrschenden König sein.
Daß beide Frauen schon seit Jahren viel Geld für Gesprächs- und sonstige Therapien ausgeben, ist ihm entgangen. Er würde es auch nicht verstehen, weil er ja der Meinung ist, daß er beiden ein tolles Leben bietet. Würden die zwei Frauen mehr in die Öffentlichkeit treten und weniger Diskretion üben, wären sie ihn mit Sicherheit schnell los.
Was ist es nur an uns Frauen, das uns immer wieder freiwillig Opfer sein läßt? Sind wir geborene Masochistinnen? Warum sind es immer die Frauen, die dafür zur Rechenschaft gezogen werden, wenn Beziehungen schieflaufen? Die amerikanische Sexualwissenschaftlerin und Bestsellerautorin Shere Hite meint, „Frauen können anscheinend nie gewinnen. Die meisten Frauen versuchen die Beziehung aufrechtzuerhalten, selbst wenn es Probleme gibt. Allzuoft werden sie jedoch für diese Loyalität mit dem Wort ‚masochistisch' belohnt. Und wenn sie den Mann verließen, sobald die allerersten Schwierigkeiten auftauchten, würde man sie selbstsüchtig und herzlos nennen."
Also, Sie sehen, egal, wie wir es machen, es wird ohnehin falsch ausgelegt. Deshalb sollten wir von der Möglichkeit Gebrauch machen, den Mann, der unsere Vorstellungen nicht erfüllt, so schnell wie möglich loszuwerden, wenn wir merken, diese Beziehung hat keine Zukunft. Allerdings ist das mit der Zukunft auch so eine Sache. Sie dauert schon lange nicht mehr so lange wie früher, wo eine gemeinsame Zukunft noch ein Synonym für „lebenslang" war. In dieser Beziehung sind wir wirklich unglaublich bescheiden geworden. Im Zuge dessen aber auch wählerischer. Und wie lange die gemeinsame Zukunft heutzutage dauert und was wir

daraus machen, liegt meistens so oder so in unseren eigenen Händen.
Ein sicherer Weg, die Zukunft zu verkürzen, ist es, sich in der Kunst des Verwandelns zu profilieren. Sich nämlich so zu verwandeln, daß es für den Traummann interessant ist. Wie es Ihnen persönlich dabei geht, ist doch wirklich Nebensache. Man kann von ihm nicht verlangen, daß er sich auch darum noch kümmert. Hauptsache, Sie gefallen ihm. Im Tierreich ist es ja ähnlich. Sie werden doch nicht auch nur für einen Augenblick glauben, daß es Frau Pfau darauf ankommt, wie liebenswürdig oder großzügig Herr Pfau ist. Was hier einzig und allein zählt, ist die Größe und Farbenpracht seiner Federn. Und wie gut er bezirzen kann.
Bei uns Menschentieren ist es, wie gesagt, ähnlich, nur ein bißchen umgekehrt. Im Königreich der Menschen ist es in erster Linie das Weibchen, das mit optischen Reizen protzen muß, um aufzufallen.
Mag er geschminkte Frauen? Dann machen Sie ihm doch die Freude, und verbringen Sie ein paar schmerzvolle Stunden im Permanent-Make-up-Studio. Man sagt ohnehin, daß sich die Pigmente in wenigen Monaten wieder auflösen. Aber vergessen Sie nicht, daß es eine sehr kostspielige Angelegenheit ist, wenn man einmal damit begonnen hat. Gerade weil sich die Pigmente wieder auflösen, und zwar ohne sich an ein spezifisches System zu halten – einzig und allein an Ihren Stoffwechsel –, wird es in unregelmäßigen Abständen notwendig sein, nachpigmentieren zu lassen. Aber für „ihn" wollen Sie doch weder Kosten noch Schmerz noch Mühe scheuen, oder? Solange er glücklich ist, kann es Ihnen doch auch nicht anders als gutgehen, nicht wahr? Das ist angeblich das Prinzip einer funktionierenden Beziehung.
Ist er einer, der bis in die frühen Morgenstunden in seinem Lieblingslokal sitzen bleibt? Verderben Sie ihm doch nicht die Freude, indem Sie ihn drängen, doch endlich heimzugehen. Halten Sie mit ihm durch. Wenn Ihnen die verrauchte Luft zu dick ist, eignen Sie sich einfach die flache Atmung an, oder übersiedeln Sie nach Los Angeles. Dort darf in

Lokalen nicht mehr geraucht werden. Wenn sein Mundgeruch nach einigen Vierteln oder Halben so sauer ist, daß Sie seine Küsse nicht mehr genießen können, halten Sie sich die Nase zu. Das funktioniert immer. Und vor allem, erlauben Sie sich nicht die Freiheit, mit Tränensäcken und dunklen Augenringen herumzulaufen. Obwohl man meinen möchte, das dürfte ihn nicht stören – er hat ja selber welche –, ist das ganz und gar nicht so. Er hat selbstverständlich ein Recht darauf, daß seine Frau immer und in jeder Lebenslage schön ist. Also lernen Sie gefälligst wirksame Abdeckmethoden mit Schminke. Kuß- und schmusefest, versteht sich. Aber keine Sorge. Nach einem langen Abend kann man ihm ohnehin keine vollkommen klare Sicht abverlangen. Vielleicht reicht dann auch einer der einfacheren Abdeckstifte aus dem Drogeriemarkt. Die haben allerdings die Eigenschaft, daß sie meistens einen chemischen Geschmack haben. Und wenn Sie ihm einen Gefallen tun möchten, dann sagen Sie ihm doch am Morgen danach, daß er beginnt, ziemlich verlebt auszusehen, und daß ihm das sicherlich keinen großen Erfolg bei den Frauen im Büro bringen wird. Er wird Ihnen ob Ihrer Ehrlichkeit dankbar sein. Welcher Mann ist nicht froh, so einen guten Kumpel als Frau zu haben?

Juttas zweiter Freund war so einer. Eigentlich haßte sie es, in verrauchten Lokalen herumzusitzen. Nicht nur, weil sie Nichtraucherin ist, sondern auch, weil sich dabei immer ihre Muskeln verspannten und sie nebenbei auf Alkohol oft mit einem schlechten Magen reagierte. Aber wer will schon nach einem Kino- oder Theaterbesuch gleich nach Hause und schlafen gehen? Also ließ sie sich ab und zu nach einem angebrochenen Abend von Freunden überreden, noch in ein Lokal zu gehen. Dort fing sie dann meistens mit Tee mit Zitrone an und arbeitete sich zu Apfelsaft hinauf. Beim dritten Apfelsaft, nach einem Kinoabend mit zwei Freundinnen, traf sie Paul in einem In-Lokal. Der Blick aus seinen fast schwarzen, mit dichten hellen Wimpern umrandeten Augen traf sie wie ein Blitz. Und sein tiefes Lachen inmitten seiner lustig-lauten Männerrunde erinnerte sie an die Glocken einer Bergkirche in dem Dorf, in dem sie aufgewachsen war. Paul war schon beim vierten Bier und genehmigte sich zwischendurch einen Wodka. Immer wieder traf sein Blick Juttas hellblaue, lachende Augen und wanderte über ihr flammendrotes Haar. Selbstverständlich kamen von seinen Freunden die üblichen Bemerkungen über rothaarige Frauen, aber diesmal war sie nicht irritiert. Und irgendwann im Laufe der Nacht gelang es ihm mit Hilfe seiner Kumpanen und ihren eigenen Freundinnen, auch sie zu zwei Wodkas zu überreden. Das war dann auch der Grund, warum sie zwar nicht am selben Abend, aber zwei Tage später im Bett des sympathischen langhaarigen Musikers landete.

Die Liebe war heftig, aber dafür von kurzer Dauer. Was Jutta nicht einkalkuliert hatte, war, daß das Leben ihres Geliebten in erster Linie und fast ausschließlich in der Nacht stattfand. Obwohl es in seiner Runde ein paar Musiker gab, die nach ihren Auftritten heim zu Herd und Familie gingen, war dies Paul kein Anliegen. Er liebte das Leben genau so, wie er es sich organisiert hatte, und war auch gar nicht unwillig, es mit Jutta zu teilen. Allerdings in seinem eigenen Rhythmus. Für ihn gab es keinen Anlaß, schon gar nicht in Verkörperung einer Frau, diesen zu ändern. Im Gegenteil, er fand es unheimlich gut, daß es endlich eine gab, die das wilde Nachtleben ebenfalls so zu lieben schien wie er. Ein gemütlicher Heimabend stand einfach nicht auf seinem Programm. Und er mußte ja nicht wählen zwischen Jutta und dem Lokal. Erstens war sie ohnehin bei ihm, und außerdem waren sie ja schließlich auch am Ende jeder langen Nacht zusammen. Das Leben für ihn war schlechthin ideal. Daß der Sex wegen Übermüdung beider häufig auf der Strecke blieb, war kein Thema, das besprochen, geschweige denn ausdiskutiert wurde. Aber so wurden auch die Zärtlichkeiten automatisch immer weniger. Und infolgedessen die Laune immer gedrückter. Juttas, jedenfalls.

Aber sie gab ihr Bestes. Sie entwickelte sich zu einer fabelhaften Schauspielerin. Tagsüber, während Paul schlief, ging sie ihrem anstrengenden Job als Physiotherapeutin nach, und die Nächte hing sie mit ihm in seinen Stammlokalen herum. Aus Sorge, er würde sie nicht mehr so lieben, beklagte sie sich nicht bei ihm, sondern nur bei ihren Freundinnen. Sie hoffte, Paul würde eines Tages zur Ruhe kommen und selber das Bedürfnis entwickeln, die Abende daheim zu genießen. Mittlerweile war die einzige Möglichkeit, soviel Zeit wie möglich mit ihm zu verbringen, sich ihm anzupassen. Und das tat sie auch tapfer, bis er eines Tages liebevoll anmerkte, sie sei in den Monaten, die sie zusammenwaren, um Jahre gealtert.

Sie war so betroffen, daß ihr aufgestauter Frust wie ein Vulkan aus ihr brach. Jetzt gab sie zu, daß sie diese langen Abende in den verrauchten Lokalen mit seinen lauten Freunden haßte, daß er schnarchte, wenn er betrunken war, und das war häufig der Fall, daß seine Küsse nach einer langen, versoffenen und verrauchten Nacht wie ein voller Aschenbecher schmeckten und daß ihr gemeinsames Liebesleben ihrer Meinung nach ebenfalls sehr zu wünschen übrig ließ.

Paul fiel aus allen Wolken. Er war sich sicher gewesen, daß Jutta absolut zufrieden war mit dem Leben, so wie sie es lebten. „Aber wir passen doch so wunderbar zueinander", meinte er. „Du bist die erste Frau, mit der ich mir ein gemeinsames Leben überhaupt vorstellen kann. Was ist denn plötzlich in dich gefahren?" Er war ratlos und noch dazu ehrlich. Er wollte Jutta keinesfalls verlieren. Vielmehr, er wollte die Frau, als die er Jutta kennengelernt hatte, nicht verlieren. Deshalb war er auch gewillt, Kompromisse zu schließen. Also einigte man sich auf zwei Heimabende pro Woche, die sich als der Anfang vom Ende der Beziehung entpuppten. Erst jetzt entdeckte Jutta, daß ihr geliebter Paul außerhalb seines gewohnten Rahmens ein ganz anderer war und daß er nur in Gesellschaft seiner Kumpel Charme und Witz versprühte. Zu Hause war er ein muffeliger Langweiler, der sein Bier jetzt eben vor dem Fernseher konsumierte und einfach nichts mit vertrauter Zweisamkeit anzufangen wußte. Erst jetzt wurde ihr klar, daß die anderen Wertigkeiten in ihrem Leben, wie zum Beispiel Theater, ein guter Film im Kino, Lesen oder Kunstausstellungen, sein Interesse nicht wecken konnten. Zwar begleitete er sie, aber nicht sehr willig. Und er ließ sie spüren, daß er nur ihr zuliebe bereit war, dieses Opfer zu bringen. Anschließend wurde natürlich, als Ausgleich, in seine Lokale gegangen. Das war fair.

Als sie schwanger wurde und überhaupt nicht mehr in den verrauchten Schuppen herumsitzen wollte, war die Sache so gut wie gelaufen. Er versicherte ihr zwar, daß er ein schlechtes Gewissen habe, sie soviel allein zu lassen, aber er habe sich auch betrogen gefühlt, weil sie ihm eine Rolle vorgespielt habe. Deshalb war sein Gewissen nicht schlecht genug, um ihn auf längere Sicht zu Hause bei Jutta zu halten.

Und nach der Abtreibung kam er nur noch ein letztes Mal zu ihr – um seine Sachen zu packen.

Paul wäre sie ohnehin früher oder später wieder losgeworden, aber sie hätte es schneller haben können. Zum Beispiel noch vor der Schwangerschaft, deren Abtreibung sie vielleicht nie verkraften wird. Aus Sorge, daß Paul sie nur lieben würde, wenn sie die für ihn perfekte Frau darstellte, schlüpfte sie in eine Rolle, die nicht die ihre war.

Jede von uns kennt eine Jutta, nicht wahr? Wer von uns ist nicht schon das eine oder andere Mal in eine Rolle geschlüpft, um geliebt zu werden? Interessanterweise sind es immer noch in erster Linie die Frauen, die sich den Männern anpassen und „ihm zuliebe" ihre Vorlieben und sogar oft ihr Leben ändern, nur um mit ihm zusammen zu sein. Sie wollen eine Symbiose bilden. Mit ihm „eins" werden. Oft ist es auch eine Flucht vor den eigenen Problemen, denn sobald man sich mit jemandem anderen identifiziert, scheinen diese Probleme zu verschwinden. Tatsächlich tun sie es auch, solange die erste Euphorie des Verliebtseins anhält. So geschieht es üblicherweise auch, daß die Frau eher dahin tendiert, sich dem Freundeskreis des Mannes anzu-

schließen, und ihn nur selten in ihren Kreis integriert. Deshalb passiert es auch häufig, daß sie ihre eigenen Freunde und Freundinnen vernachlässigt, und wenn sich – vielleicht nach vielen Jahren – das Paar trennt, ist in erster Linie sie es, die sich um einen neuen Freundeskreis kümmern muß. Weil er ja weiterhin in seinem bleibt, fühlt sie sich dort nicht mehr wohl oder oft sogar nicht mehr gerne gesehen. Er hat ja dann auch meistens seine neue Freundin bei sich, und die Situation ist für die anderen oft peinlich.
Also, wenn Sie trotz allem ein Fall für Rollenspiele sind, dann gehen Sie es richtig an. Es kann sogar ein sehr aufregendes Spiel sein, und oft dauert es Monate, ja sogar Jahre, ehe er dahinterkommt, wer Sie wirklich sind. Sollte es ihm niemals gelingen, den Schleier ganz zu lüften, dann gratuliere ich Ihnen. Denn dann werden Sie aller Voraussicht nach sein Interesse niemals verlieren. Dann hilft nur eins, um seine Liebe endgültig zu ersticken; aber dafür ist es noch zu früh. Bleiben wir einstweilen noch beim Rollenspiel.
Was Sie auch ins Kalkül ziehen müssen, ist, daß vielleicht Sie selbst nach gelungener Rollenarbeit vergessen, wer Sie wirklich sind. Aber keine Sorge. Für solche Fälle gibt es eine Unzahl von Therapiemöglichkeiten. Meistens dauert es auch nur ein paar Jahre, bis Sie wieder am Ausgangspunkt sind. Dann können Sie ja immer noch entscheiden, in welcher Rolle Sie sich besser gefühlt haben, und es kann Sie niemand daran hindern, sie x-beliebig oft zu wechseln.
Männer lieben das Geheimnisvolle an uns Frauen, und sie geben es offen zu. Wie schnell Sie ihn also – wenn überhaupt – hinter Ihre Fassade blicken lassen, bestimmen einzig und allein Sie. Geben Sie unter keinen Umständen Ihr wahres „Ich" preis. Der Trick ist, sich hinter einer anderen Persönlichkeit zu verstecken und ein falsches Bild seiner selbst vorzutäuschen. Seien Sie alles, nur nicht Sie selbst. Das verblüfft sie jedesmal von neuem, die Herren der Schöpfung. Sie sind ja überzeugt, daß sie uns schon längst ausgetrickst haben. Aber, nichts da! Spannung ist das Salz des Liebestrankes, nicht wahr?

Tragen Sie beim ersten Treffen auf jeden Fall provokante Kleidung. Denn nur so können Sie erkennen, wie weit er sich provozieren läßt. Schließlich wollen Sie ja auch Sexobjekt und nicht nur charmante Gesprächspartnerin sein, oder? Und lassen Sie ihn ruhig wissen, daß auch er für Sie ein Sexobjekt ist. Wir Frauen stoßen uns häufig an diesem Ausdruck. Aber seien wir doch ehrlich. Im Grunde wollen wir ja genau dasselbe von den Männern wie sie von uns. Kumpel sind leicht zu finden. Die gibt es im Büro, am Tennisplatz oder im Bridgeklub. Auch die Freunde und Ehemänner von Freundinnen eignen sich hervorragend als Kumpel, obwohl Männer ja immer behaupten, so etwas wie pure Freundschaft zwischen Mann und Frau gebe es nicht, und deshalb sind ihre Frauen auch nicht wirklich begeistert, wenn wir gerade ihre Männer als Kumpel wählen. Das ist übrigens ein beliebtes Talk-Show-Thema, und Experten tüfteln immer noch daran und werden auch nicht so bald eine Lösung gefunden haben.
Jedenfalls suchen wir nicht in erster Linie einen Kumpel, sondern auch einen Lustspielgefährten. Da brauchen wir uns gar nichts vorzumachen. Und sollte die Emanzenbewegung Sie davon überzeugt haben, daß es nicht so sein soll und darf, dann nehmen Sie doch ganz einfach einmal teil an einem Treffen mit sogenannten emanzipierten Frauen. Was ist das Hauptthema? Immer dasselbe. Männer, Beziehungen und Sexualität. Es kann schon vorkommen, daß eine Diskussion über Chancengleichheit oder berufliche Aussichten vielleicht ebenfalls ein Thema ist, aber warum soll das eine das andere ausschließen? Wir räumen Männern ja auch gerne gleiche Chancen ein, ohne sie gleich als frauenfeindlich abzustempeln, nur wird das nicht belohnt.
Also, in welche Rolle Sie schlüpfen wollen, ist einzig und allein Ihre Sache. Das Angebot ist umfangreich. Suchen Sie sich einfach aus, welche Ihnen am sympathischsten ist oder welche Sie immer schon verkörpern wollten.

1. Die Exotin

Wenn das Exotische schon ein Geburtstagsgeschenk an Sie war, sprich Ihre Eltern oder einer der beiden ist Exote, dann ist die Sache ja ohnehin schon gelaufen, und Sie können Ihren Genen danken. Denn mehr und mehr schätzen Männer in unseren Breitengraden Frauen, die etwas Exotisches an sich haben. Also betonen Sie diese Charakteristik so gut Sie können, und seien Sie ganz einfach Sie. Damit haben Sie aber wenig Chance, ihn loszuwerden. Wenn das Ihr Hauptanliegen ist, suchen Sie sich lieber eine andere Rolle aus.
Sollten Sie sich das Exotische erst aneignen müssen, so ist auch das kein Ding der Unmöglichkeit. Beginnen wir also mit der Optik. Sind Sie blond und wollen unbedingt exotisch wirken, dann müssen Sie Make-up und Kleidung den nötigen exotischen Touch geben, um von der Blondheit abzulenken, was aber schade wäre. Vielleicht sollten Sie sich als Blondine doch einen anderen Typ aussuchen.
Wenn ein Maskenbildner den Auftrag bekommt, dem Gesicht ein exotisches Aussehen zu geben, dann wird er sich darauf konzentrieren, den Augen einen schrägen, katzenartigen Look zu geben. Und als Make-up tut indische Erde Wunder, um einen Hauch von Exotik zu zaubern. Die Haare gehören glatt und auf eine Seite gebürstet, so wie man es bei vielen Flamenco- oder indischen Tänzerinnen sieht. Als Schmuck wirken Kreolen oder Ethno-Ohrringe exotisch. Niemals würde eine Exotin Jeans oder Hosenanzüge tragen, sondern entweder enge Kleider mit seitlichem Schlitz, halblange wallende Röcke mit den typischen Ethnoblusen oder aber gewickelte Kleidungsstücke. Der exotischste Duft ist immer noch Patschuli oder irgend etwas, das an Räucherstäbchen oder ätherische Öle erinnert. Und wenn Sie sich noch einen Akzent zulegen und entweder mexikanisch, japanisch, chinesisch oder indisch kochen lernen, wird keiner mehr einen Zweifel hegen, daß irgendeiner Ihrer Urahnen Exote war. Besonders dann, wenn Sie sich ein exotisches Kochgericht aneignen, das außer Konkurrenz steht. Zum Beispiel marinierte Kobra mit geräucherten Heu-

schrecken in Seetang gewickelt. Das kommt mit Garantie nicht lange gut an.
Ein höchst angenehmes Nebenprodukt, die Rolle einer Exotin zu leben, ist, daß kaum ein männliches Geschöpf von Ihnen erwartet, daß Sie die Dinge in die eigene Hand nehmen. Denn Exotinnen schreien förmlich danach, beschützt und umhegt zu werden. Ganz im Gegensatz zur Trendsetterin.

2. Die Trendsetterin

Die Trendsetterin darf von der Optik her niemals so aussehen wie die Exotin, denn dann nimmt es ihr keiner ab. Es würde auch gar nicht zu ihrem Naturell passen. Sie nimmt alles in die eigene Hand und erledigt die Dinge, die sie erledigt haben will, selbst, weil es sonst ohnehin kein anderer tut. Sie verläßt sich niemals auf jemand anderen und delegiert auch nicht. Wenn etwas gelingen soll, dann gelingt es mit Sicherheit ihr. Sie ist die Triebfeder in jedem Kreis und überall gerne gesehen, denn mit ihr ist es niemals langweilig. Sie ist immer die erste, die ein neues Lokal erkundet, weiß, wo die neuesten Filme gespielt werden, und an ihrer Kleidung kann man sofort erkennen, welcher Designer gerade „in" oder schon längst wieder „out" ist. Sie weiß, welches Auto wieviel Sprit verbraucht und welches Kosmetikinstitut oder welcher Schönheitschirurg die neuesten Verjüngungskuren anbietet. Und selbstverständlich weiß sie auch, welche davon mehr oder weniger funktionieren, denn einige davon hat sie längst ausprobiert.
Als Trendsetterin können Sie selbstverständlich auch Ihre eigenen Trends kreieren. Kleiden Sie sich zum Beispiel ausschließlich aus Secondhandläden, und protzen Sie vor Ihren Freundinnen damit. Sie werden sehen, die werden es Ihnen bald nachmachen. Das neueste Auto muß man nicht besitzen. Man kann jede Woche einen anderen Wagen probefahren, damit bei Freunden vorfahren und zwischendurch radeln. Radfahren ist ohnehin sehr trendig. Und gesund. Informationen über Ausstellungen, Filme, Bücher,

Vernissagen, In-Lokale und Theaterstücke stehen Ihnen jederzeit und überall kostenlos zur Verfügung.
Wenn Sie den Aufwand nicht scheuen, seien Sie doch einmal probeweise trendig. Es werden nicht nur Ihre Freunde von Ihrem Wissen profitieren, sondern mit Sicherheit auch Sie selbst.
Wenn Sie sich in dem Bild der Trendsetterin wiedererkennen, wird es Ihnen leichtfallen, die Rolle weiterzuspielen, wenn Sie das wollen. Alle anderen möchte ich vor dieser Rolle warnen. Sie ist äußerst anstrengend. Falls Ihr Märchenprinz sich aber eine trendige Prinzessin wünscht, dann schlüpfen Sie doch lange genug in die Rolle, bis er sein Froschkostüm ablegt. Dann haben Sie Ihren Teil getan und können sich ein Weilchen entspannen. Es dauert bei Männern immer einige Zeit, bis sie dahinterkommen, wie sehr man sich für sie angestrengt hat, und meistens wissen sie es ohnehin nicht zu schätzen.
Also, wenn Ihnen dieser Typ gefällt, nur Mut! Sollten Sie sich aber mit wallendem Haar und Ethnogewändern wohler fühlen, dann ist die Esoterikerin eher die Rolle, die zu Ihnen passen würde.

3. Die Esoterikerin

Ein Hauch von Mystik, offenes Haar, der Duft von Räucherstäbchen in der Luft, Tantra-Abbildungen an der Wand, Pendeln, Kartenlegen, Meditieren . . . können Sie sich damit anfreunden? Dann wären Sie ein Fall für das Esoterische. Auf dem Weg, sich selbst zu finden, gibt es keine Sackgassen. Und falls Sie auf diesem Wege schon einmal jemanden verloren haben, so finden Sie einen Neuen vielleicht in der Form des hellen Lichtes am Ende des Tunnels, in dem Sie möglicherweise gerade herumirren. Die Rolle der Esoterikerin hält man nicht lange durch, wenn man sie nicht ist. Aber wenn Sie dafür offen sind, geschieht viel in dieser Richtung von selbst. Sie müssen aber darauf vorbereitet sein, daß Sie, wenn Sie diesen Weg zulassen, ihn aller Voraussicht nach einige Zeit beschreiten werden und in eine völlig andere Richtung geführt werden als je zuvor. Denn dann kann es leicht vorkommen, daß sie eine Abneigung gegen Fleisch und Fleischesser entwickeln, daß Ihnen Ihre Umgebung unsympathisch wird, daß Sie langsam, aber sicher in eine andere Ebene eintauchen. Eine, die Ihre jetzige Umwelt vielleicht als abgehoben empfindet. Das soll aber nicht heißen, daß Sie den Bezug zur Realität verlieren sollen. Doch die Realität kann sich verschieben. Wenn also das die Rolle ist, zu der Sie sich hingezogen fühlen, dann werden Sie erstaunt sein, wie viele Männer diesen Sog ebenfalls spüren. Das ist einer der ganz seltenen Fälle, wo „er" Ihnen „passieren" kann. Wenn Sie Ihren Märchenprinzen auf dieser Route treffen, haben Sie es möglicherweise mit einem Opfer zu tun. Oder ehrlicher ausgedrückt – mit jemandem, der sich als Opfer empfindet. Als Opfer von Frauen, die gelernt haben, nicht von Männern abhängig zu sein. „Opfer", die Ihnen jetzt entgegenkommen, um neuen Halt zu finden. Und wie werden Sie ihn wieder los? Gleich auf Ihrem nächsten Selbstfindungstrip, wenn Sie es geschickt anpacken.

4. Die Karrierefrau

Das ist eine Rolle, die viele Männer von vornherein abschreckt, und Sie werden ihn vielleicht los, noch ehe Sie ihn wirklich haben. Also müssen Sie am Anfang sanft treten.

Wollen Sie in die Rolle der Karrierefrau schlüpfen, so müssen Sie sich spitze Ellbogen, eine harte Haut, einen bestimmten Ton und eine stramme Haltung zulegen. Es reicht nicht, zu wissen, was man will. Frau muß es auch sagen und dann tun. Und, selbstverständlich, benötigen Sie auch das richtige Outfit dafür. Vergessen Sie Mugler oder Versace. Die sind viel zu figurbetont. Auch Miniröcke sind hier nicht wirklich angesagt, außer Sie sind in der Modebranche und tragen Ihre eigenen Entwürfe. Was hier besser paßt, ist Chanel, Armani, Sander, Joop und dergleichen. Denn als Karrierefrau müssen Sie sich selbstverständlich auch Designerkostüme leisten. Sonst könnte man meinen, Sie seien nicht sehr erfolgreich in Ihrer Karriere. Nachdem man aber sagt,

daß Erfolg geil macht, können Sie es sich als Karrierefrau gar nicht leisten, erfolglos zu sein.
Das Problem mit Männern und Karrierefrauen ist häufig, daß die Herren zwar von erfolgreichen Frauen beeindruckt sind, aber gleichzeitig sind sie ihnen suspekt und machen ihnen angst. Und das in mehreren Hinsichten. Erstens sind sie überzeugt, alles, was mit Karriere zu tun hat, sei unweiblich, es sei denn, Sie sind eine erfolgreiche Künstlerin. Denn Sängerinnen, Tänzerinnen, Schauspielerinnen, Malerinnen, Designerinnen etc. dürfen ohne weiteres auch erfolgreich sein. Das finden Männer sogar toll. Von Künstlerinnen fühlen sie sich in ihrer Männlichkeit seltsamerweise nicht bedroht. Problematischer wird es schon, wenn Sie eine hohe Position in einer Bank, in einem Amt, in einem medizinischen Beruf, in der Werbung, in der Filmproduktions- oder Baubranche usw. haben. Denn dann sind Sie ja in erster Linie Konkurrenz. Und weibliche Konkurrenz ist für einen Mann ein harter Brocken, den er nur schlecht schlucken und noch seltener verdauen kann, wie wir ja wissen.
Sollten Sie sich also für diese Rolle entscheiden oder schon mittendrin stecken und erfolgreich sein, dann möchte ich Ihnen herzlich gratulieren. Es könnte aber passieren, daß Ihr Märchenprinz sich wünscht, daß Sie diese Karriere an den Nagel hängen und sich dafür um Haus, Kinder, seine Wäsche und seine gesellschaftlichen Verpflichtungen kümmern. Was ja mitunter auch sehr reizvoll sein kann. Oder aber er ist in einer völlig anderen Branche als Sie. Ein Mann mit einem künstlerischen Beruf freut sich im allgemeinen sogar über eine Frau mit Karriere – z. B. über eine Zahnärztin, Marketingmanagerin oder Bankerin, denn dann kann sie ihm ja zur Not auch finanziell unter die Arme greifen und seine Karriere fördern. Und dann wird es ihm vielleicht auch nicht so viel ausmachen, sich um Haus, Kinder und Ihre Wäsche zu kümmern, denn auch das ist eine Kunst. Fair ist fair!

5. Der Muttertyp

Muttertypen kommen immer gut an. Besonders bei Kindern. Und kennen Sie einen Mann, der seiner Kindheit schon entwachsen ist? Trotzdem kenne ich keinen, der zugibt, sich einen Muttertyp als Frau zu wünschen. Und dennoch wiederum kenne ich viele, die genau so eine haben. Und das sogar freiwillig. Der Trick ist, nicht nur Muttertyp zu sein, sondern auch sexy.

Die Zeiten, wo Mütter – zumindest in der Öffentlichkeit – keinen Sex-Appeal zeigen durften, sind längst vorbei. Stillende Mütter sieht man heutzutage schon überall, und viele Männer empfinden das als besonders sexy. Ein lieber Freund von mir, der nebenbei einer der erfolgreichsten Schauspieler unseres Landes ist, findet das allerdings „zweckentfremdet". Trotzdem habe ich ihn schon dabei ertappt, wie er fasziniert einer stillenden Mutter zusah. Na ja. Auch so sind die Männer. Aber Sie brauchen nicht erst ein Kind geboren zu haben, um ein Muttertyp zu sein. Es reicht schon, wenn Sie darauf achten, daß er sich ausgewogen ernährt, nicht zuviel trinkt, nicht zuviel raucht, sich nicht zu sehr streßt, sich die Zähne täglich zweimal putzt, seine Fingernägel schneidet, regelmäßig zum Friseur geht und genügend Schlaf bekommt.

Interessanterweise freuen sich die meisten Männer zu Beginn der Beziehung, wenn man sich um sie kümmert. Sie finden es rührend und liebevoll. Diese Freude läßt aber zunehmend nach, und ehe man sich's versieht, wird man als Nörglerin abgestempelt, wenn man auch nur die harmlosesten Vorschläge macht. Also muß man sich damit abfinden, daß man sich als Muttertyp ständig auf Glatteis oder tanzend auf einem Seil befindet. Hier gilt es, die richtige Balance zu finden. Aber Sie werden ja ohnehin bald merken, wie weit und wie lange er das Bemuttern zuläßt. Meistens dann nicht mehr, wenn man sich um die Anzahl seiner Drinks oder Zigaretten zu sehr kümmert oder um die Abende, die er mit seinen Kumpeln verbringt. Aber lassen Sie sich nicht irritieren. Ein Mann nabelt sich möglicherweise von der leiblichen Mutter früher oder später ab. Ich sagte „möglicherweise". Wenn er sich allerdings zusätzlich freiwillig einen Muttertyp als Lebensgefährtin aussucht, kommt es nur sehr selten vor, daß er Sie freiwillig verläßt. Vielleicht oder sogar sicherlich wird er sich bei seinen Kumpeln und vielleicht auch Gespielinnen unentwegt über Sie beschweren, aber er wird den Weg zurück in den ehelichen Schoß immer wieder suchen. Dann müssen schon Sie einen Weg finden, ihn loszuwerden. Aber im Laufe dieses Buches begegnen Sie ohnehin immer wieder Tips über das Loswerden.

6. Der Kumpel

Der ist nicht zu verwechseln mit dem Muttertyp. Dem Kumpel macht es nichts aus, nächtelang mit dem Mann in Kneipen zu verbringen, man trinkt und raucht um die Wette und teilt sich auch sonst alles, was so anfällt. Der Kumpel würde niemals mehr als seinen Teil der Hausarbeit erledigen. Im Gegenteil. Als guter Kumpel kann man ruhig ab und zu erwarten, daß der andere mehr tut. Man hat ja ohnehin schon genug um die Ohren. Kumpel wechseln sich selbstverständlich auch ab, mit dem Hund spätnachts oder frühmorgens eine Runde zu machen. Genauso gerecht teilt man die Freude, das Baby zu wickeln oder zu füttern. Und als guter Kumpel darf man auch ab und zu seinen Rasierapparat verwenden. Die Kehrseite der Medaille ist, daß einem Kumpel meist nicht in den Mantel geholfen wird, er zahlt üblicherweise seine Hälfte im Restaurant, im Urlaub, vom Benzin, und von einem Kumpel wird auch erwartet, daß „sie" außertourliche Affären akzeptiert. Kumpel müssen so etwas verstehen. Allerdings ist es auch hier so wie im restlichen täglichen Leben: Für „ihn" gelten in der Praxis üblicherweise andere Regeln. Es wird halt auch hier mit zwei Maßstäben gemessen. Und Sie sind sich auch im klaren darüber, welcher für Sie gilt, nicht wahr? Selbstverständlich der kürzere. Also, ob die Kumpelrolle eine erstrebenswerte ist, müssen Sie mit sich selbst ausmachen. Er wäre Ihnen sicherlich sehr verbunden, wenn Sie sich mit dieser Rolle begnügten.

7. Der Vamp

Wir wissen ja, wie ein Vamp aussieht. Denken Sie nur an Jean Harlow und Marlene Dietrich oder Greta Garbo. Uma Thurman hat es im Film Pulp Fiction geschafft, wie ein Vamp auszusehen. Wie das Wort schon andeutet, kommt „Vamp" von Vampir. Und der steht für Blutsauger. Unter Vamp verstehen wir aber eine Femme fatale, eine Verführerin, eine Sirene, eine Circe. Zusammengefaßt das, was sich jeder Mann wünscht. Und wenn er Sie dann hat und Sie sich in das verwandeln, was der Name Vampir andeutet, ist es meist zu spät.

Wenn Sie sich in der Rolle des Vamps sehen, dann seien Sie immer nur stundenweise einer. Alles andere ist unglaublich erschöpfend, und Sie können es ohnehin nicht über einen längeren Zeitraum durchhalten. Aber wenn Sie es schaffen, glaubwürdig in diese Rolle zu schlüpfen, ist es nur mehr ein Kinderspiel, sich einen Mann zu angeln. Nur müssen Sie bedenken, daß Sie auch gute Nerven dafür brauchen. Denn andere Frauen werden dabei prinzipiell zu Feindinnen. Jede wird ihrem Mann oder Freund oder Kumpel zuflüstern: „Du glaubst doch nicht, daß die echt ist, oder?" Daran müssen Sie sich gewöhnen. Denn, wenn wir ehrlich sind, haben sie ja recht. Wer ist heutzutage schon ein echter Vamp? Die wenigsten von uns stammen aus Transsylvanien. Aber hinters Licht führen lassen sich in dieser Beziehung nur die Männer. Doch sie tun es nicht unfreiwillig, denn sie finden es aufregend. Also, nur keine Schuldgefühle, wenn Ihnen einer auf diese Masche reinfällt.

Um in die Rolle eines „echten" Vamps zu schlüpfen, benötigen Sie die passenden Requisiten. Denn ein Vamp soll nicht nur einer „sein", sondern muß auch dementsprechend aussehen. Dazu gehören dunkelroter Lippenstift, magentafarbener Nagellack, schweres Augen-Make-up, blasses Puder und sparsames Rouge. Und meiden Sie die Sonne!

Klamottenmäßig brauchen Sie erst einmal schwarze Strümpfe, um Himmels willen aber keine Strumpfhosen, enge, lange, seitlich geschlitzte Kleider oder Röcke, am besten

in dunklen Farben, hochhackige Schuhe, Handschuhe und eine lange Zigarettenspitze. Wenn Sie noch lernen können, Rauchringe zu blasen, haben Sie schon halb gewonnen. Besorgen Sie sich das Video „Pulp Fiction", und machen Sie's Uma Thurman nach. Die hat den Vamp ziemlich gut drauf.
Der zweite Teil des Rollenstudiums besteht daraus zu lernen, mit den Requisiten umzugehen. Ein Vamp, der auf hochhackigen Schuhen umknickt, wird nicht ernst genommen und erntet versteckte Lacher statt Bewunderung. Und ein Vamp, der den gewissen Augenaufschlag nicht draufhat, soll ihn bleibenlassen, bis er perfektioniert ist. Also, hier heißt es üben, üben, üben. Und noch etwas: Sollten Sie sich später überlegen, daß die Rolle des Vamps doch nicht die richtige für Sie ist, können Sie jederzeit alles, was sie geübt haben, anwenden. Es ist sozusagen eine unbezahlbare Investition in Ihre Zukunft. Die Rauchringe und der Augenaufschlag kommen allemal gut an.

8. Die Sexbombe

Na ja, hier haben wir ja wiederum wunderbare Vorbilder. Marilyn Monroe, Brigitte Bardot, Gina Lollobrigida, Rachel Welch, Ursula Andress, Sofia Loren, Madonna . . . sie strotzen praktisch vor Sexualität. Aber auch das liegt in erster Linie nicht daran, wie sie sich geben, sondern wie sie aussehen. Im Gegensatz zum Vamp brauchen Sexbomben volle Lippen. Wenn die Natur Sie nicht damit ausgestattet hat, so kann der Schönheitschirurg oder eine kosmetisch begabte Hautärztin nachhelfen. Ebenso ist es mit dem Busen. Auch der sollte bei Sexbomben voll sein, muß aber nicht. Sie müssen ihn nur möglichst aufreizend präsentieren. Und wenn es sein muß, hilft auch hier der Schönheitschirurg. Allerdings sollten Sie sich gut überlegen, ob das wirklich nötig ist. Aber bitte tun Sie es, wenn überhaupt, nur für sich selbst und nicht für einen Mann. Oder glauben Sie, Ihr Mann würde sich Ihnen zuliebe den Bauch verkleinern oder den Penis vergrößern lassen? Fragen Sie ihn doch einmal. Ich habe so eine Umfrage gemacht, und ich versichere Ihnen, er würde es nicht tun. Nicht Ihnen zuliebe. Diejenigen, die so eine Abänderung in Erwägung ziehen würden, sind in erster Linie Männer in der Midlifecrisis, die entweder Jungfrauen oder Millionärinnen imponieren wollen.

Sexbomben tragen tiefe Dekolletés, kurze oder lange enganliegende Röcke (kurz nur, wenn man die passenden Beine hat!), hochhackige Schuhe, haben oft eine rauchige Stimme (Marilyn Monroe hatte keine) und müssen sich nicht unbedingt mit intellektuellen Themen befassen. Im Gegenteil – das wird von ihnen weder verlangt noch erwartet. Denn eine Sexbombe, die noch dazu eine Intelligenzbestie ist, ist natürlich schon wieder suspekt. Also, wenn Sie Sexbombe sein wollen und trotzdem einen hohen IQ haben, gehen Sie diskret damit um. Sie werden ihn schon noch brauchen (den IQ).

Eine Sexbombe muß, ähnlich wie der Vamp, in erster Linie so aussehen wie das, was sie repräsentiert. Aber Vorsicht! Wenn Sie sich diese Rolle aussuchen, sind Sie bei der Wahl der Märchenprinzen etwas eingeschränkt. Denn jeder will zwar mit einer Sexbombe ausgehen und sie dann auch selbstverständlich mit nach Hause nehmen, aber den Meldezettel zu seiner Wohnung bekommt nur ganz selten eine. Da haben wir es wieder mit der Doppelmoral! Aber die Wahl ist ja so und so Ihre und nicht seine. Das sollten Sie sich immer vor Augen halten.

9. Die Chaotin

Sie kann unheimlich viele Dinge und will sie alle gleichzeitig machen. Sie schreibt sich keine Termine auf, weil sie glaubt, daß sie diese ohnehin im Gedächtnis behält, kommt deshalb oft zu spät oder gar nicht und ist ständig in Sorge, daß sie etwas vergessen hat. Sie macht sich mit ihrem Liebsten ein Rendezvous aus und wartet im falschen Restaurant. Sie zieht den Strumpf mit der Laufmasche trotzdem an und hofft, daß niemand auf ihre Beine schaut. Sie hält nicht viel von Ordnung, solange alles sauber ist. Auf ihrem Schreibtisch kennt einzig und allein sie selbst sich aus, erwartet

aber auch nicht, daß jemand anderer dort etwas findet. Sie drückt die Zahnpastatube in der Mitte, und sie macht kein Problem daraus, wenn jemand im Bett Kekse ißt. Die Brösel kann man ja wieder loswerden.
Die Märchenprinzen haben es nicht leicht mit der Chaotin, dafür wird ihnen niemals langweilig mit ihr. Wenn es diese Rolle ist, die Sie sich wünschen, dann rate ich ernstlich davon ab, denn sie ist schlicht und einfach zu anstrengend. Wenn Sie aber schon von Natur aus eine Chaotin sind, dann brauchen Sie sich die Sorge, daß Sie „ihn" nicht mehr loswerden, wirklich nicht zu machen. Wenn Sie ihn nur oft genug im falschen Lokal suchen, läßt er sich eines Tages nicht mehr finden. Oder Sie vergessen einfach oft genug auf ihn. Dann sind Sie ihn auch bald los.

10. Die Coole

Diese ist eine der angenehmsten Rollen, und sie kann mitunter den einen oder anderen Mann halb zum Wahnsinn treiben. Die Coole verausgabt sich nicht für ihn. Auch nimmt sie Verabredungen mit ihm nicht hundertprozentig ernst. Wenn sie ihn zufällig auf der Straße trifft, hält sie sich zurück, egal, wie sehr sie darauf brennt, sich an seinen Hals zu werfen. Wenn er sie zu einem tollen Abendessen einlädt, nimmt sie es genauso gelassen entgegen wie eine Einladung nach Hawaii oder auf eine Luxusjacht. Sie ist nämlich der Meinung, allzuviel Dankbarkeit könnte ihn auf die Idee bringen, er tue ohnehin schon genug oder sogar zuviel für sie. Und diesen Eindruck will sie um alles in der Welt nicht erwecken.
Cool zu sein hat nur einen einzigen Haken. Wenn er etwas tut, was Sie auf die Palme bringt, müssen Sie genauso cool bleiben wie bei der Einladung auf die Luxusreise. Oder Sie werden unglaubwürdig. Tja, wie bei so vielen guten Dingen im Leben muß man immer nach dem verborgenen Hasenfuß suchen. Und wenn Sie ihn suchen, werden Sie ihn mit Garantie auch finden.

11. Die Intellektuelle

Für diese Rolle müssen Sie sich nicht unbedingt eine Brille zulegen, aber sie würde wunderbar ins Klischee passen, genauso wie eine Hochsteckfrisur und ein strenges Kostüm. Oder Sie verblüffen ihn einfach, denn eine Intellektuelle kann sich ohne weiteres auch in Blue jeans und einem Sakko verstecken. Stellen Sie sich vor, Sie sind eine ewige Studentin. Dementsprechend können Sie sich auch kleiden. Wichtig ist, daß Sie Dinge wissen, die er nicht weiß oder kennt. Suchen Sie sich einige interessante Themen aus diversen wissenschaftlichen Zeitschriften, und lernen Sie die Kernsätze der Leitartikel auswendig. Zusätzlich können Sie sich einige komplizierte Wörter und Redewendungen und deren Bedeutung aus dem Lexikon notieren. Sie werden sehen, Sie machen damit einen bleibenden Eindruck.
Männern gelingt es schon mit simplen Zaubertricks aus dem Magieladen, Eindruck zu schinden. Sie können das natürlich nachmachen. Die ersten paarmal kann man mit so einer Trickkiste ziemlich imponieren. Nur brauchen Sie immer wieder neue Tricks oder neue Männer, um die Faszination aufrechtzuhalten. Und das kann ganz schön anstrengend sein, wenn Ihre Reize alleine nicht mehr ausreichen, um zu bezaubern. Einfacher ist, Sie holen sich Ihre Tricks aus der Enzyklopädie oder dem Duden. Da reicht es schon, wenn Sie pro Woche beiläufig ein oder zwei neue, faszinierende Ausdrücke fallen lassen. Sie werden sehen, wie wirksam das ist. Ganz sicher werden Sie der Mittelpunkt jeder Gesellschaft sein. Und dann werden alle anderen Frauen wirklich Grund haben, auf Sie eifersüchtig zu sein. Wenn Sie der Typ sind, den das befriedigt, dann kommen Sie hier voll auf Ihre Rechnung.

12. Die Geistreiche

Hier ist es ähnlich wie bei der Intellektuellen. Nur, daß sich die Geistreiche ein paar interessante Sprüche oder Gedichte merken sollte. Die Geistreiche muß sich äußerlich nicht verkleiden, denn Geist paßt zu jedem Typ. Wichtig ist, daß man weiß, wie und wo man ihn zur richtigen Zeit anbringt.

13. Die Geheimnisvolle

Würde Frau es schaffen, gleichzeitig Vamp, Sexbombe, Muttertyp, Kumpel und trotzdem geheimnisvoll zu sein, so wäre sie genau das, was sich jeder Mann wünschen würde. Aber, meine Damen, seien wir doch ehrlich. Eine Frau mit all diesen Attributen wäre die einsamste Frau der Welt. Denn welcher Mann würde so ein Superweib verdienen oder sich gar leisten können? Und welche Frau wünscht sich solch ein nicht nachzuahmendes Vorbild als Freundin? Keine einzige, meine ich. Nein, nein. Versuchen Sie nur nicht, alles gleichzeitig zu sein. Aber die Rolle der Geheimnisvollen ist allemal eine interessante Rolle.

Die Geheimnisvolle läßt ihn niemals alles über sich wissen. Schon gar nicht, was sie den Tag über treibt. Auch nicht, wie sie den Abend oder die Nacht verbringt, wenn er nicht dabei ist. Selbstverständlich ist sie eine perfekte Blufferin. Man glaubt immer, daß sie viel intelligenter, gebildeter und bewanderter ist, als sie es in Wahrheit ist. Einfach deshalb, weil sie sehr sparsam Weisheiten von sich gibt, außer ein paar, die sitzen. Solche Weisheiten kann man sich wunderbar aus diversen Büchern aneignen. Von Konfuzius zum Beispiel stammen unglaublich viele herrliche Weisheiten. Auch Khalil Gibran und eine Unzahl anderer Gelehrter wurden durch ihre Weisheiten berühmt. Legen Sie sich eine Sammlung dieser Bücher zu, oder schmökern Sie in einer Bibliothek. Merken Sie sich ein paar Sitzer, aber lassen Sie sich niemals anmerken, was Sie alles nicht wissen. Dann kann nicht viel schiefgehen.

Sollte es Ihnen zu mühsam sein, in Büchern zu kramen, so will ich Ihnen einige meiner Lieblingsweisheiten verraten. Aber geben Sie niemals zu, daß Sie sie hier gelesen haben.

Hier eine Auswahl an alten persischen Sprichwörtern, die genausogut in den Westen passen:

„So sind die Schicksalswege dieser rauhen Welt – heute

wirst du sanft in den Sattel gehoben, und morgen wird dir der Sattel auf die Schultern gelegt."
„Liebenswürdigkeit kann sogar eine Schlange aus ihrer Höhle locken."
„Wenn dir ein Wort auf der Zunge brennt, laß es brennen."
„Jede dunkle Nacht hat ein helles Ende."
„Das Beste, was man vom Reisen nach Hause nimmt, ist die heile Haut."
„Liebe ist das einzige, was wächst, wenn wir es verschwenden." (Huch)
Und last, not least – (Sie sind doch polyglott, oder?) –
„Ich suchte dich und habe mich gefunden." (Grillparzer)
Also. Spätestens jetzt müßte Ihnen klar sein, wie Sie Ihren ganz persönlichen Prinzen einfangen. Wenn nicht, lesen Sie bitte die vorhergehenden Kapitel noch einmal genau durch. Wenn Sie es eilig haben, lesen Sie einfach quer. Sie müssen nicht noch einmal alles durchackern. Den Rest des Buches heben Sie sich für den Zeitpunkt auf, wo Sie „ihn" gefunden haben.
Man muß Bücher wie dieses nicht in einem durchlesen. So wie es Männer für gewisse Stunden gibt, gibt es auch Bücher für gewisse Situationen. Eines von diesen halten Sie in Ihrer Hand.

Auf einen Blick
Seien Sie alles, nur nicht Sie selbst. Verwirren oder begeistern Sie ihn, indem Sie eine Rolle einstudieren, die Ihnen nicht auf den Leib geschrieben ist. Je erfolgreicher Sie ihn hinters Licht führen können, um so schneller sind Sie ihn wieder los. Hier ein paar Rollen zur Auswahl:
Die Exotin ○ Die Trendsetterin ○ Die Esoterikerin ○ Die Karrierefrau ○ Der Muttertyp ○ Der Kumpel ○ Der Vamp ○ Die Sexbombe ○ Die Chaotin ○ Die Coole ○ Die Intellektuelle ○ Die Geistreiche ○ Die Geheimnisvolle

Kapitel 11
Vorsicht! Liebe!

Egal, wie sehr man sich vornimmt, sich nicht zu verlieben, es passiert immer gerade dann, wenn man es am wenigsten erwartet. Amor ist ein feiger Kerl. Er wartet ab, bis man keine Rückendeckung hat. Dann schlägt er erbarmungslos zu. Und man ist seinen Emotionen ausgeliefert.
Was ist das eigentlich, die Liebe? Jeder kennt sie in irgendeiner Form, aber die wenigsten können sie in einem einfachen Satz erklären. Vielleicht deshalb, weil sie so komplex ist. Haben Sie schon einmal versucht, Ihre Vorstellung davon in Worte zu fassen? Stellen Sie sich diese Frage doch einmal, wenn Sie sie sich nicht ohnehin schon hundertmal gestellt haben. Am besten vor dem Spiegel. Bekommen Sie eine klare Antwort von Ihrem Spiegelbild? Fragen Sie den Mann Ihres Herzens, wenn es ihn in Ihrem Leben gerade gibt. Hat er vielleicht eine genaue Vorstellung davon? Wenn ja, wieweit deckt sich seine mit Ihrer?
Bildlich kann man sich die Liebe vielleicht deutlicher vorstellen als wörtlich. Denken Sie zum Beispiel an einen Samen. Wenn man ihn sät, regelmäßig gießt und düngt, kann aus ihm eine wunderbare Pflanze wachsen. Und es kommt einzig und alleine auf die Pflege an, was aus ihr wird. Wenn diese Pflanze nicht genügend gegossen und genährt wird, wenn man ihr das Licht und den Sauerstoff wegnimmt, wird sie zugrunde gehen. Wenn man die Pflege ganz vernachlässigt, stirbt sie relativ schnell. Man kann natürlich ihr Zugrundegehen auch hinauszögern. Dann gibt man ihr immer erst knapp vor dem Verdursten einige Tropfen Nahrung, bis sie zu schwach ist und den Überlebenskampf aufgibt.
Sie könnten natürlich kontern und sagen, die Liebe sei etwas viel Stärkeres als eine Pflanze. Sie muß stärker sein. Sie darf doch nicht gleich beim ersten Gewitter knicken und eingehen. Akzeptiert. Vergleichen wir die Liebe also mit et-

was Robusterem. Mit einem Stein, zum Beispiel. Einem kostbaren, unbearbeiteten Marmorblock. Robust genug? Die Liebeswerkzeuge haben Sie in der Hand. Sie und Ihr Liebespartner, natürlich. Und was Sie aus dem Rohmaterial machen, ist Ihr gemeinsames Werk. Aus dem Marmorblock können Sie ein kostbares Kunstwerk meißeln, das für ewig hält. Sie können aber auch so lange daran herumhämmern, bis dieses gemeinsam geschaffene Kunstwerk nach und nach in Trümmer fällt und zerbröselt, bis davon nur mehr unerkennbare Brocken und Staubkörner übrigbleiben. Und dann können Sie erlöst aufatmen. Denn dann gibt es niemanden mehr, mit dem Sie sich um das Werkzeug streiten müssen. Dann können Sie getrost und ungestört Sandschlösser aus dem edlen Marmorsand bauen, und das ganz ohne Baugenehmigung. Und ohne daß Ihnen jemand pausenlos ungefragt Ratschläge oder Anweisungen erteilt. Dann können Sie sich endlich wieder einmal gehenlassen.

Aber bis es soweit ist, gehen Sie auf Entdeckungsreise im Dschungel der Leidenschaft, und lassen Sie sich einfach darauf ein. Was haben Sie denn schon zu verlieren außer Erinnerungen, die Sie noch Ihren Enkelkindern erzählen oder in einem Buch festhalten können? Nützen Sie die Zeit, und genießen Sie die Liebe und Ihren Geliebten doch einfach so lange, bis der Pfad sich gabelt und Sie sich möglicherweise nicht auf den weiteren gemeinsamen Weg einigen können. Dann ist die perfekte Gelegenheit gekommen, ihn loszuwerden. Gehen Sie einfach geradewegs in die Richtung, die Ihnen am meisten behagt. Besonders wirkungsvoll ist es, wenn Sie ihm erklären, daß Sie endlich etwas für sich selbst tun müssen und daß Sie sich ohnehin immer nur nach ihm gerichtet haben. Jetzt wäre es endlich an der Zeit, den Spieß umzudrehen. Und nachdem Männer ja Meister im Spießumdrehen sind, wird er natürlich verstehen, was Sie meinen, auch wenn er es vielleicht nicht gleich zugeben wird. Wenn er Ihnen auf Ihrem Weg nicht folgt, hat er eben Pech gehabt. Es wird schon irgendwann wieder einmal ir-

gendeiner Ihre Fährte aufnehmen, und dann können Sie ja wieder von vorne anfangen.
Vielleicht haben Sie aber Ihren Traummann gerade erst gefunden, dann haben Sie jetzt eine spannende Zeit vor sich. Besonders die ersten drei Monate der Liebe sind wie ein Rausch. So wie in dieser Zeit wird es nie wieder sein. Diese Weisheit stammt nicht von mir, sondern das meinen Experten. Sie sind euphorisch, denn Sie meinen, endlich den Richtigen gefunden zu haben. Es ist die Zeit des gegenseitigen Entdeckens. Der Reiz des Neuen und doch immer mehr Vertrauten ist stark. Jetzt sehen Sie noch alles durch eine rosarote Brille. Jetzt werden Ihnen noch alle Fehler verziehen. Denn jetzt ist die Zeit der großen Leidenschaft. Und Leidenschaft sieht eine begrenzte Zeit lang über fast alles hinweg. Was aber nicht heißen soll, daß auch Sie über alle seine Fehler hinwegsehen sollen. Im Gegenteil. Jetzt ist er am leichtesten beeinflußbar. Jetzt ist die Zeit, wo Sie die meisten Versprechungen aus ihm herausquetschen können. Denn jetzt ist er süchtig nach Ihnen und Sie nach ihm. Jetzt ist die sexuelle Anziehungskraft am Höhepunkt. Was nicht heißen muß, daß sie sich später unbedingt verringern wird. Wenn die Chemie zwischen beiden stimmt, wird sie sich möglicherweise nur verlagern. Jetzt ist auch die richtige Zeit, die Samen der Liebe zu hegen, bis sie keimen. Bei Frauen keimt dieser Samen meistens viel schneller als bei Männern, was häufig zu Mißverständnissen führt. Männer sind zwar schnell von der Sexualität einer Frau hingerissen, verwechseln dieses Gefühl aber selten mit Liebe. Liebe kommt bei ihnen erst nach Wochen oder sogar Monaten. Frauen hingegen tendieren häufig dazu, Sexualität mit Liebe zu verwechseln und sind dann vollkommen verstört, wenn ein Mann, mit dem sie aufregenden Sex haben, behauptet, er liebe sie nicht.
Das Hauptproblem ist, daß die Symptome des Verliebtseins und die der wahren Liebe im Anfangsstadium identisch sind. Man hat dieselben Schmetterlinge im Bauch, dasselbe Herzflattern, dieselbe Sehnsucht, wenn der andere nicht

hier ist, und spürt dieselbe Leidenschaft. Aber wie kann man sich davor schützen, den Fehler zu begehen, Liebe mit Verliebtsein zu verwechseln? Es ist nicht einfach, wie Sie sicher schon am eigenen Leib erfahren haben. Nehmen Sie ein Blatt Papier und einen Stift zur Hand, und betrachten Sie Ihren Traummann einmal ganz nüchtern. Versuchen Sie, wenigstens für einige Minuten die Romantik aus dem Spiel zu lassen. Nun machen Sie Ihre Liste:
Was sind seine Fehler? Kann ich diese Fehler auf Dauer tolerieren? Was sind seine positiven Seiten? Kompensieren sie seine Fehler?
Vielleicht gelingt es Ihnen, wirklich ehrlich mit sich selbst zu sein. Aber nur wenige schaffen das im ersten Stadium des Verliebtseins und denken vielleicht: „Was kümmert es mich schon, wenn er nur ab und zu herumjobbt und sich nicht regelmäßig duscht?“ Aber im Lauf der Zeit können Sie ihn vielleicht nicht mehr riechen, und außerdem ärgern Sie sich maßlos, daß er seine Rechnungen nicht ohne Ihre Hilfe zahlen kann. Und schon landen Sie beim Scheidungsrichter. Vielleicht ist aber alles ganz anders, und er ist tatsächlich ein Traummann. Dann haben Sie aber trotzdem noch nicht die Garantie, daß auch Sie seine Traumfrau sind. Vielleicht ist er wirklich zwar heftig in Sie verliebt, aber Sie sind nicht die Liebe seines Lebens. Das kommt leider sehr häufig vor und ist sehr schmerzvoll, und es ist kein wirklicher Trost zu wissen, daß es kaum eine Frau (oder einen Mann) gibt, die dieses Leid nicht durch und durch kennen. Wenn Sie also diese Zweifel hegen, halten Sie durch. Und wenn Sie ganze drei Monate durchhalten, meinen die Experten in Sachen Liebe und Sexualität, ist die Wahrscheinlichkeit ziemlich groß, daß dann auch er verliebt ist. Oder sagen wir – dann ist er schon eher gewillt, es zuzugeben.
Also, nützen Sie diese aufregende Zeit. Lassen Sie sich von ihm verwöhnen. Vielleicht wartet er auf Tips, wie er das am besten tun könnte. Nicht jeder Mann ist von Haus aus darin geübt, Frauen zu verwöhnen. Ganz im Gegenteil. Schon von frühester Kindheit an war es für ihn immer umgekehrt. Klei-

ne Buben dürfen meist mit Werkzeugen, Eisenbahnen, Traktoren oder mittlerweile auch Computern spielen, während kleine Mädchen abstauben, Geschirr spülen und den Tisch auf- und abdecken dürfen. Buben werden nur ganz selten zu diesen Aufgaben verpflichtet, weil sie eben Buben sind und viele Mütter immer noch den Irrglauben vertreten, daß die kleinen Prinzen die Küchendienste ohnehin nicht zu ihrer Zufriedenheit verrichten können und in diesem Bereich mehr Unheil als Nutzen stiften. Deshalb wird für die Buben gekocht, gewaschen und gebügelt, und wenn sie groß sind, denken sie selbstverständlich, so sei das Leben. Wenn Buben ihre Wünsche, Meinungen und Ideen äußern, hören viele Mütter und Großmütter gespannt und stolz zu, was ihre Sprößlinge so alles von sich geben. Wenn Mädchen ihre Wünsche, Meinungen und Ideen äußern, holen sie sich häufig einen Korb bei den Zuhörern. Die sind nämlich alle viel zu sehr damit beschäftigt, den kleinen Jungs zuzuhören.
Hört sich das bekannt an? Ist es Ihnen ähnlich ergangen? Dann ist spätestens jetzt Ihre Zeit gekommen. Verschaffen Sie sich doch endlich, was man Ihnen ohnehin viel zu lange und ungerechterweise verweigert hat: Gehör. Also heraus aus der defensiven Rolle und ab in die Offensive.
Womit er *Sie* am besten verwöhnen kann, müssen allerdings Sie selbst entscheiden. Vor allem müssen Sie es zunächst selber wissen, um es ihm dann klarzumachen. Denn auch hier gibt es große Unterschiede zwischen den Frauen. Nicht jede will mit Rosen verwöhnt werden, wenn das schon ein alter Hut für sie ist. Nicht jede will bei romantischem Kerzenlicht bekocht werden. Vielleicht sind Sie jemand, der ohnehin die letzten Wochen immer zu Hause gegessen hat, und möchten endlich den vollen Luxus außer Haus genießen. Vielleicht meint er, daß er Sie verwöhnt, wenn er Ihre Klamotten wäscht. Vielleicht ist er sogar der Meinung, er verwöhnt Sie, indem er sich ein Wochenende für Sie freinimmt und gewillt ist, es mit Ihnen daheim vor dem Kamin abzusitzen. Dabei würden Sie viel lieber ein Wochenende mit ihm in London, Paris oder Rom verbringen. Vielleicht

aber glaubt er, Sie zu verwöhnen, indem er Sie zu einem Tandemfallschirmflug einlädt, wo doch das, was Sie am liebsten hätten, ein gemütlicher Kuschelabend vor der Fernsehkiste wäre, während er Ihre Füße massiert. Vielleicht möchte er Sie mit Konzert- und Theaterbesuchen verwöhnen, nicht ahnend, daß Sie solche Veranstaltungen todlangweilig finden. Genauso häufig kann es vorkommen, daß Sie ihn mit Strapsen oder halterlosen Strümpfen verwöhnen möchten, die er aber in erster Linie komisch und gar nicht sexy findet. Auch das gibt es. Glauben Sie mir. Ich habe recherchiert. Alles, was hier erwähnt ist, wird als „Verwöhnen" betrachtet, aber nicht immer als solches geschätzt. Also überlegen Sie sich, was für Sie zu diesem Thema in Frage kommt, und lassen Sie es ihn einfach wissen. Vielleicht brennt er ohnehin darauf, es zu erfahren. Männer sind manchmal genauso neugierig wie wir, nur geben sie es selten bis gar nicht zu.

Auf einen Blick

- Seien Sie vorsichtig. Amor schlägt meistens dann zu, wenn man ihn am wenigsten erwartet.
- Lassen Sie sich nicht einfach verwöhnen. Sagen Sie ihm ganz genau, wie Sie es gerne hätten.
- Gehen Sie Ihren eigenen Weg. Wenn er Ihnen nicht folgt, ist er selber schuld. Irgendwann wird schon wieder irgendeiner kommen, der Ihre Fährte aufnimmt.

Kapitel 12

Die Ehefalle

Nun gut, jetzt haben Sie ihn. (Oder haben Sie ihn etwa nicht mehr? Sind Sie ihn schon losgeworden? Sie müssen zugeben, ich habe Ihnen schon jede Menge gute Tips dafür gegeben.) Jetzt heißt es aufpassen. Wenn er all die harten Prüfungen, die Sie ihm auferlegt haben, bestanden hat, könnte es sein, daß er Ihnen bleibt, denn es gibt tatsächlich Maso-Männer, die gerade auf Frauen abfahren, die sich absolut unliebenswert verhalten. Und ehe man sich's versieht, landet man auch schon vor dem Standesbeamten. Ich weiß, ich weiß. Das steht ja auf Ihrem Programm. Aber haben Sie sich eigentlich schon einmal die Konsequenzen überlegt? Was denken Sie, haben sich Romeo und Julia und all die anderen berühmten Liebespaare in der Geschichte erspart? Das, was dem Standesamt und Traualtar unweigerlich folgt: den Ehealltag. Auch der ist nämlich vorprogrammiert. Und wer will schon so etwas Alltägliches wie einen Ehealltag? Da können wir doch nur unisono antworten: nein, danke!

Wofür, glauben Sie, wurde die Ehe geschaffen? Um der Frau einen Rückhalt zu geben? Um ihr ein würdiges Leben zu ermöglichen? Um sie zu ehren und zu lieben, bis an ihr Lebensende? Um ihr und ihren Kindern ein warmes, sicheres Nest zu geben? So edel waren die Gesetzgeber nie und nimmer. Die Ehe wurde geschaffen, um die Besitztümer der Landesherren zu kennzeichnen. Das bewerkstelligte man bei Rinder- und Schafherden mit eigens erkennbaren Brandmalen, bei Ländereien mit Zäunen und Mauern, bei Kraftfahrzeugen mit Kennzeichen aus Blech und bei Frauen mit Ringen aus Gold am Finger.

Wer will denn schon freiwillig so einer altmodischen Institution beitreten? Jetzt ist der richtige Zeitpunkt gekommen, um Signale zu setzen, die uns vor der Ehefalle bewahren können. Machen Sie ihm zum Beispiel den Vorschlag, dem neuesten Trend in Amerika zu folgen, das ist die platonische Ehe. Im Land der unbegrenzten Möglichkeiten ist man nämlich draufgekommen, daß eine Ehe ohne Sex nicht so automatisch ein Ablaufdatum hat wie eine traditionelle Ehe. Sex ist altmodisch und unoriginell. Sex kann ohnehin ein jeder haben – im Gegensatz zu einer guten Ehe –, meint man jenseits des großen Teichs. Vielleicht könnten Sie und Ihr Traummann hier in unseren Breiten mit einem interessanten Beispiel vorangehen? Es sind schon einige gutfunktionierende Sachen aus Amerika gekommen. Zum Beispiel der Fernseher, ein weiteres wichtiges Instrument, den Ehealltag friedlich enden zu lassen. Im Schlafzimmer gilt er als sicheres Verhütungs- und absolut nebenwirkungsfreies Schlafmittel.

Also, ehe Sie endgültig zusagen, sagen Sie ihm geradeheraus, was Ihnen am Herzen liegt. Verschleiern Sie es nicht, denn sonst könnte er es mißverstehen. Männer hören ja ohnehin meistens nur mit einem Ohr zu, wenn wir ihnen etwas sagen. Und wenn sie uns einmal doch aus Versehen zuhören, und das, was wir sagen, paßt ihnen nicht so ganz, dann behaupten sie, wir hätten es nur gesagt, weil wir gerade entweder die Regel, Migräne, Probleme mit der Arbeit, Streit mit den Verwandten oder den Kindern oder sonst irgendwelchen Ärger haben. Also wählen Sie den richtigen Zeitpunkt, damit er Ihnen nicht vorwerfen kann, Sie hätten „irgend etwas" zwischen Tür und Angel gesagt, und er könne sich deshalb nicht mehr genau erinnern.

Nun werden Sie fragen, was denn ein günstiger Zeitpunkt sei. Einer, den er zum Beispiel nicht vergessen wird. Besonders lange wird er es sich merken, wenn Sie gerade so richtig schön mittendrin im Schmusen sind. Da ist die Chance relativ groß, daß Sie seine ganze Aufmerksamkeit für sich haben.

Viele Frauen finden sich damit ab, daß Männer meist einfach nicht in der Lage sind, die weibliche Gefühlswelt zu verstehen. Sie hören uns zwar zu, spielen aber unsere Bedürfnisse herunter oder gehen gar nicht erst auf sie ein.

Deshalb muß Ihr Prinz unbedingt verstehen, daß Sie sich nicht auf halbe Sachen einlassen möchten und daß Sie von ihm erwarten, daß er anders ist als andere Ehemänner. Sie werden sehen, er wird stolz sein, eine Sonderstellung einnehmen zu dürfen. Kein Mann will ein Alltagsehemann sein, und auch Sie wollen doch ein Sonderexemplar, nicht wahr? Überhaupt sollte man einem Mann dabei behilflich sein, sich nicht gehenzulassen. Das funktioniert prima, wenn Frau ihn immer wieder daran erinnert, wie toll andere Männer sind. Das Um und Auf einer guten Beziehung ist nämlich mit Sicherheit das gegenseitige Bemühen um den anderen. Entspannt sich einer von beiden und läßt sich gehen, werden im Nu andere begehrenswerte Partner ins Visier genommen. Es sind meist die Männer, die den Finger schneller am Abzug haben, weil sie einfach die geübteren Jäger sind.
Olivia hat ihre Lektion in der härtesten Weise erlernt. Olivia ist eine moderne, „gestandene" Frau, wie man das umgangssprachlich nennt. Als geschiedene, gut verdienende Innenarchitektin mit zwei halbwüchsigen Söhnen kann sie sich alle Annehmlichkeiten des Lebens leisten, und sie tut es auch. Bis vor vier Jahren lebte sie mit den Kindern alleine in einer Innenstadtwohnung. Sie war eine von den vielen „guten" Frauen ohne Mann, weil es einfach keine guten Männer gab, wie sie jahrelang meinte. Immer dieselbe Geschichte. Dann erschien eines Tages doch der Märchenprinz in Form eines Kollegen, den sie zwar schon jahrelang kannte, aber niemals als möglichen Kandidaten gesehen hatte, weil sie sich aus grundsätzlichen Erwägungen niemals mit einem Arbeitskollegen etwas anfangen wollte. Außerdem war er um etliche Jahre jünger als sie.
Nach einem langen Abend im Atelier, an dem sie und Andreas ein Projekt fertigstellten, öffneten sie zur Feier des Tages eine Flasche Champagner, die ein zufriedener Kunde am Tag zuvor vorbeigebracht hatte und die glücklicherweise jemand in den Kühlschrank gestellt hatte. Und nach dem dritten Glas passierte es. Sie landete in den Armen von Andreas, und er gestand ihr, daß er immer schon fasziniert

von ihr gewesen war, aber nie den Mut aufgebracht hatte, es ihr zu sagen. Und plötzlich wußte sie, daß es ihr mit ihm ebenso ergangen war. Nur hatte sie einen Schutzschild um sich aufgebaut. Aber in dieser Nacht spürte sie zum ersten Mal nach vielen Jahren wieder Schmetterlinge im Bauch. Zum ersten Mal seit langer Zeit war sie wieder verliebt.

Zuerst wollte sie einfach nicht glauben, daß alles so einfach gehen sollte. Es war zu perfekt. Alles Gute nimmt ein böses Ende, sagte sie sich immer wieder vor. Aber Andreas schaffte es mit viel Geduld, ihr diese Projektionen auszureden, und schon bald waren sie ein Vorzeigepaar. Andreas zog zu Olivia und ihren Söhnen in die Stadt, einfach weil ihre Wohnung größer war als seine, und die nächsten drei Jahre gab es nicht das kleinste Gewitter in der Beziehung. Sie waren ein wunderbares Team bei der Arbeit und hatten soviel Spaß, gemeinsame Projekte zu erarbeiten, daß sie zu Hause oft nur mehr müde ins Bett fielen, Olivia häufig früher als Andreas. Daß sie nur mehr selten miteinander schliefen, störte Olivia nicht weiter, weil sie einander ja mehrmals täglich versicherten, wie sehr sie einander liebten, und sie wirklich oft viel zu müde für Sex waren. Und daß die Leidenschaft außerdem nicht ewig auf voller Flamme brennt, gehört schließlich fast zum Allgemeinwissen. Außerdem war sie im Grunde eine sehr beziehungsfähige Frau, und diesmal schien einfach wirklich alles zu stimmen. Sie hätte beide Hände dafür ins Feuer gelegt, daß es für Andreas nicht anders war.

Die imaginären Brandnarben wird sie für den Rest ihres Lebens behalten. Als Olivia von einer zehntägigen Geschäftsreise, während der sie ein gemeinsames Projekt von ihr und Andreas im Ausland betreut hatte, wieder nach Hause kam, gestand er ihr, daß er sich während ihrer Abwesenheit in eine andere Frau verliebt hatte. Das Unglück traf sie wie ein Blitz und brach ihre heile Welt entzwei wie ein Kinderspielzeug. Wie konnte das nur geschehen? Andreas hatte ihr doch tagtäglich fernmündlich seine Liebe erklärt. Wie konnte er gleichzeitig ein Verhältnis mit einer anderen Frau beginnen? Olivia verstand gar nichts mehr und fiel in eine tiefe Depression, die ihr einige Kilos raubte. Andreas war zwar liebevoll und versuchte ihr zu erklären, daß das mit der anderen in erster Linie Leidenschaft war, daß er diese Leidenschaft einfach ausleben wollte und daß seine Liebe für Olivia trotzdem nicht abhanden gekommen war. Er bat sie, mit ihm durchzuhalten, bis er diese „Krankheit", wie er es nannte, überstanden hatte. Alles würde gut werden, meinte er immer wieder. „Gut für wen, für dich oder für mich?" fragte sie, während er sich schönmachte und After-shave auftupfte, ehe er sich mit der anderen traf. Dann küßte er Olivia zum Abschied, ließ die Tür hinter sich ins Schloß fallen und ließ die Betrogene zurück in einem tiefen, schwarzen Loch. Die gemeinsamen Freunde und Freundinnen konnten nicht fassen, was diesem Traumpaar geschehen war. Es gab einfach keine Erklärung – außer, daß entweder die perfekte Beziehung doch nicht existiert oder diese einfach nicht perfekt gewesen war. „Wenn die Leidenschaft nachhinkt, werden Männer unberechenbar", meinte ein Freund und Psychotherapeut. „So sind die Männer eben. Sie wollen in ihrer Frau nicht den Partner, den Freund oder den Kumpel sehen. Diese Positionen besetzen sie am liebsten mit Männern. Sie wollen als Frau in erster Linie jemanden, mit dem sie ihre Leidenschaft ausleben können."

Andreas war da keine Ausnahme. Wenigstens stritt er es nicht ab. Und er hatte offensichtlich auch kein bißchen schlechtes Gewissen dabei. Nebenbei war er auch nicht gewillt, eine seiner beiden Beziehungen aufzugeben. Warum sollte er auch, dachte er. Jetzt hatte er zwei Frauen, die ihn verwöhnten, und er hatte das seltene Glück, daß keine der Frauen ihn vor die Alternative „sie oder ich" stellte. Olivia war zwar bitter enttäuscht und litt Qualen, aber sie war trotz allem noch sehr verliebt in ihn. Die „andere", Anna, war sich ihrer Sache so sicher, daß sie glaubte, einfach nur warten zu müssen. Die Leidenschaft würde schon siegen, da war sie sicher. Außerdem gab ihr Andreas jeden Grund zur Annahme, daß es nur eine Frage der Zeit war, bis sich

Olivia von ihm trennen würde. Er zweifelte kaum daran, daß sie eine Frau war, die Untreue nicht verzeihen konnte, und so befanden sich alle drei in einer Abwarteposition. Andreas, der beide Frauen mochte, hatte kein wirklich ernstes Problem. Er dachte einfach, entweder es bleibt ihm die eine, und das war ihm recht, oder es bleibt ihm die andere, und das war ihm ebenso recht. An die Möglichkeit, daß sie ihn beide verlassen könnten, dachte er natürlich nicht. Und wenn ich die Geschichte erfunden hätte, würde ich sie selbstverständlich so enden lassen. Wenn jemand gleichzeitig auf zwei Stühlen sitzen will, soll er gefälligst in den Spalt fallen. Aber dies ist keine erfundene Geschichte, und darum endet sie auch ganz im Sinne von Andreas. So ist das mit den Männern. Meistens bekommen sie genau das, was sie wollen. Was natürlich nicht heißen muß, daß sie es auch verdient haben.
Also, die nächsten Wochen teilte sich Andreas gerecht zwischen den beiden Geliebten auf. Seine Freunde beneideten ihn. Ein toller Hecht, der es schaffte, so ganz ohne heimlich herumschleichen zu müssen, gleichzeitig zwei Frauen zu haben. Das hätten sie auch gerne gehabt.
Andreas hingegen beschwerte sich, wie wenig Zeit er nun für sich selbst habe und wie schwierig sein Leben geworden sei. Es war schon schlimm genug, daß er und Olivia im selben Atelier arbeiteten und sich nicht wirklich aus dem Weg gehen konnten, obwohl sie es so oft wie möglich versuchten. Er schaffte es, seine Kunden überwiegend auswärts zu treffen, um nicht ständig Olivias traurigen Blicken zu begegnen. Und kaum gab es eine freie Stunde in seinem ohnehin dichten Tag, mußte er zu Anna, die viel Freizeit hatte. Und am nächsten Tag, schon vor dem Frühstück, mußte er wieder zu Olivia, um sie nicht zu verpassen, ehe sie das Haus verließ. Denn sie hatte begonnen, sich ein wenig rar zu machen. Nach Wochen der Verzweiflung fing sie wieder an, Spaß am Ausgehen zu haben. Plötzlich fiel ihr auf, daß es außer Andreas auch noch andere interessante Männer gab, die nur darauf warteten, daß sie ihnen grünes Licht gab.

Und mit jedem Tag, der verging, wurde ihr der Gedanke, die Türschlösser auswechseln zu lassen, vertrauter.
Sie können sich vorstellen, wie beschäftigt der arme Andreas mittlerweile war, seine Wohnung nach weiblichen Markierungen zu untersuchen und ständig die Bettwäsche zu wechseln. Denn die Frauen genierten sich nicht, auch in seiner eigenen Wohnung, die er behalten hatte, nachdem er zu Olivia gezogen war, mit ihm zu nächtigen. Und das, obwohl alle drei wußten, daß er die Nacht zuvor mit der anderen dort geschlafen hatte. Selbstzerstörerisch suchten sie nach Indizien. War irgendwo ein schwarzes oder rotes Haar im Waschbecken oder ein verbrauchter Lidschatten im Abfallkübel oder roter Lippenstift auf einer Zigarette im Aschenbecher? Vielleicht eine vergessene Haarbürste oder sogar ein Kleidungsstück im Schrank? Er bekam abwechselnd von Olivia und von Anna Liebesnachrichten auf seinem Anrufbeantworter und beeilte sich, diese zu löschen, ehe die andere in seine Wohnung kam. Die Faxe mit intimen Botschaften, die verräterisch am Gerät hingen, wenn er mit der einen oder der anderen seine Wohnung betrat, wurden langsam zum Alptraum. Taten die Weiber das absichtlich, um ihn zu stressen? Hatten sie es auf seinen Seelenfrieden abgesehen? Hatten sie sich etwa gegen ihn verschworen? Man konnte ja nie wissen. Bald fühlte er sich wie in einer schlechten Komödie.
Den Frauen freilich erzählte er genau das, was sie hören wollten. Er war viel zu klug, um eine der beiden zu vergrämen. Nachdem sie es ihm beide so leicht machten, sein bewegtes Doppelleben zu genießen, lag ihm natürlich viel daran, sie bei Laune zu halten. Anna erzählte er, sie könne damit rechnen, daß die große Liebe siegen würde. Außerdem sei er verrückt nach ihr. Sie kannte ihn nicht gut genug, um zu wissen, daß er ein großartiger Taktiker war.
Olivia hingegen erklärte er, daß sie nichts zu verlieren habe. Er sei ja ohnehin bei ihr. Das Leben mit ihr sei ja viel aufregender als mit der anderen, die ihn schon allmählich langweile, aber man könne doch nicht von heute auf morgen

jemandem den Laufpaß geben. Mit diesen Worten verabschiedete er sich vergnügt und ging mit geflügelten Schritten zu Anna.
Olivias Freundinnen konnten nicht fassen, was sich vor ihren Augen und Ohren abspielte. Sogar Andreas' Freunde konnten nicht verstehen, was das noch werden sollte, und boten ihr die breiten Schultern zum Ausweinen. Jeder für sich riet ihr, den Kerl schleunigst loszuwerden.
Nichts hätte ihr zu diesem Zeitpunkt besser gelingen können, der Unverbesserlichen. Er hätte ihre Entscheidung ohne Widerspruch akzeptieren müssen und hätte es mit Sicherheit auch getan und ihr nicht einmal übelgenommen. Es wäre ganz einfach gewesen, die Beziehung ein für allemal zu beenden. Sie hätte seine Sachen nur zum Fenster hinauswerfen müssen. Ihre Wohnung befand sich im letzten Stock, und die Innenstadthäuser sind sehr hoch. Er hätte bestimmt gemerkt, daß das das endgültige „Aus" gewesen wäre.
Sie hätte ihn aber auch ganz einfach vor die Alternative stellen können. Dann wäre sie ihn mit Sicherheit ebenfalls losgewesen. Was Männer nämlich fürs Leben nicht ausstehen können, ist, vor Alternativen gestellt zu werden. Sie setzen das mit Erpressung gleich, obwohl eine Alternative aussagt, daß man die freie Wahl hat. Sie hätte, ohne mit einer Wimper zu zucken, nur zu sagen brauchen „sie oder ich", und sie wäre ihn losgewesen. Aber nein. Ihr war nicht zu helfen. Sie wusch weiterhin seine Wäsche, kochte weiterhin romantische Abendessen für ihn, wechselte sich in den Nächten großzügigerweise mit Anna ab, praktizierte trotzdem leidenschaftlichen Sex mit ihm und nahm ihm den Wohnungsschlüssel nicht ab.
Aber dasselbe Service hatte er natürlich auch bei Anna. Sie lud ihn zu aufregenden Abenden und Nächten in ihrer Designerwohnung ein, integrierte ihn in ihre Familie, stellte ihn allen Freunden vor, nahm ihn mit auf exquisite Reisen und verlautbarte in der ganzen Stadt, daß er sich extra ihretwegen von Olivia trennen würde. Sie war sicher, sie habe ein

Recht darauf, das zu erzählen, denn er hatte es ja mehr als einmal angedeutet, indem er ihr sagte, wie toll das Leben mit ihr sei und wie langweilig mit Olivia.
Später stritt er allerdings alles ab. Anna habe ihn mißverstanden, meinte er verständnisvoll, als er ihre Tränen mit Küssen trocknete. Sie verstand die Welt nicht mehr. Es war doch alles perfekt gewesen. Es hatte doch keinen Streit gegeben. Er konnte doch nicht einfach aus heiterem Himmel seine Meinung ändern. Sie hatte sich doch schon so auf ein gemeinsames Leben mit ihm eingestellt. Aber er blieb hart. Genauso hart, wie er damals mit Olivia gewesen war, als er sie in den emotionalen Abgrund stürzte.
Und die Moral von der Geschichte? Manche Frauen sind unverbesserlich. Da macht man sich die Mühe, ein ganzes Buch darüber zu schreiben, wie man sie los wird, die Männer, aber nein, sie wollen sie partout behalten. Olivia ist selber schuld. Jetzt ist sie verheiratet, lebt in einer harmonischen Beziehung mit Andreas, und die Leidenschaft haben sie auch wieder entdeckt. Darum hat er sich allerdings sehr bemüht, denn er wußte, daß er einiges gutzumachen hatte. Und Frauen sind ja bekanntlich sehr empfänglich für Wiedergutmachungen, besonders wenn sie in eine Wolke der Romantik gehüllt werden.
Es fing mit einem Überraschungsflug nach Paris an. Ohne ihr zu sagen, daß für das Wochenende eine Reise geplant war, packte er einen kleinen Koffer mit Sachen, die er für sie eingekauft hatte: Satin- und Spitzenunterwäsche, halterlose Strümpfe, zwei Seidenblusen und sein Lieblingsparfüm. Jeans trug sie ja ohnehin, und ihr Make-up hatte sie immer in ihrer Handtasche. Er sagte ihr nur, daß er einen Tag auf dem Land mit ihr verbringen wolle, vorher aber noch jemanden am Flughafen treffen müsse, um Pläne zu übergeben. Ihren Reisepaß hatte er natürlich auch dabei. Olivia begann erst etwas zu ahnen, als er sie durch die Paßkontrolle zog.
Es gibt nichts Besseres als einen Tapetenwechsel, um die Leidenschaft neu zu entfachen. Es muß ja nicht gleich eine

Luxusreise sein. Auch ein Wochenende in einer romantischen kleinen Frühstückspension auf dem Land kann schon Wunder wirken. Wichtig ist, daß man vollkommen neue Eindrücke teilt und die alte Umgebung mit den alten, unerfreulichen Erinnerungen zumindest für ein Weilchen vergißt. Jetzt werden Sie denken, die alte Umgebung ist auch voll von angenehmen Erinnerungen. Aber in vielen Fällen verblassen diese und die unangenehmen nehmen unrealistische Dimensionen an. Wichtig ist es, den Alltag mit seinen Pflichten hinter sich zu lassen.

An diesem Wochenende wurde viel geliebt, viel geleidenschaftet, aber auch viel geweint. Olivia sprach ausgiebig über das, was in den letzten Wochen vorgefallen war, wollte wissen, wie das alles geschehen konnte, wurde einige ihrer Hirngespinste los, und Andreas mußte viel zuhören. Männer können oft nicht verstehen, daß Frauen viel häufiger das Bedürfnis haben sich auszusprechen als sie. Frauen wollen sich ihre Unsicherheiten und Ängste von der Seele reden. Erst dann können sie abschalten und die Leidenschaft voll genießen. Frauen, im Gegensatz zu Männern, möchten außerdem gerne beruhigt werden. Wenn eine Frau verunsichert ist, sei es über die Liebe ihres Mannes oder sein Interesse für eine andere Frau oder sein offensichtliches Desinteresse an ihr, so möchte sie das besprechen und nicht hören müssen: „Was du schon wieder denkst. Kannst du nicht endlich aufhören damit?“ Was wir Frauen hören möchten, ist: „Aber Liebling, du brauchst dir doch keine Sorgen zu machen. Vielleicht schaue ich mir gerne andere Frauen an, aber das hat ja gar nichts zu bedeuten. Ich liebe doch nur dich.“ Sollten Männer ähnliche Ängste haben, behalten sie diese häufig für sich und suchen sich ein anderes Ventil, um die heiße Luft rauszulassen, womit Frauen wiederum nichts anfangen können. Sie wissen ja zumeist nicht, woher der Wind weht.

Was hat Olivia aus ihren Erfahrungen mit Andreas gelernt? Daß man nie für jemanden die Hand ins Feuer legen soll. Schon gar nicht für einen Mann. Aber trotzdem hat sie sich für ihn entschieden. Dabei könnte sie es so nett haben. Sie könnte sich in Single-Bars mit ihren Freundinnen treffen, hätte Zeit für Bridge- oder Golfstunden, könnte mit einer Kollegin in einen Club Med auf Urlaub fahren oder könnte durch Discos, Alpenvereine, Fitneßclubs, Tai-Chi-, Feng-Shui- oder Wünschelrutengeherkurse stöbern, um einen Traummann zu finden. So einfach könnte ihr Leben sein. Aber ihr war einfach nicht zu helfen.

Deshalb kommen wir wieder zurück zu Ihnen. Sie sind hoffentlich nicht so ein hoffnungsloser Fall wie Olivia. Sie sind hoffentlich so eine wie Romina. Die hat es richtig gemacht. Die ist ihren Mann schneller losgeworden, als er hatte sagen können „Sorry".

Kurz nach der Geburt ihres ersten Kindes mit Jerry, einem Amerikaner, den Romina während ihres Kunststudiums kennen- und liebengelernt hatte, wurde sie von einer Freundin informiert, daß Jerry fremdgehe. Romina war zu stolz und zu verletzt, um Jerry mit dieser Anschuldigung zu konfrontieren. Sie wollte es für sich selbst herausfinden. Was auch gar nicht schwer war. Es war ihr ohnehin schon seltsam vorgekommen, daß Jerry sich in letzter Zeit, gleich nachdem er nach Hause kam, duschte, obwohl er das auch jeden Morgen nach dem Aufstehen tat. Außerdem war er ungewöhnlich oft bei Vernissagen, zu denen sie nie die Einladungen gesehen hatte und zu denen er sie nicht mitnehmen wollte. „Ich gehe nur wegen des Galeristen. Die Bilder sind absolut scheußlich. Ich komme ohnehin bald heim", meinte er immer wieder.

Sie begann, seine Hosen- und Jackentaschen nach Indizien zu durchforsten, fand aber nichts Aufregendes außer einigen Rechnungen von Restaurants, in denen er ohne sie gewesen war. So richtig stutzig wurde sie erst, als sie einige Male bemerkte, daß Jerry oft am Telefon war, wenn sie nach Hause kam, und diese Telefonate dann sehr schnell beendete. Als sie dann ein paarmal die Wiederwahl betätigte, war auch tatsächlich immer dieselbe Frauenstimme dran. Nun hatte sie etwas, womit sie Jerry konfrontieren konnte. Zuerst log er sie an und wurde sogar aggressiv, weil sie so eine unmögliche Anschuldigung äußerte. War er etwa nicht aufmerksam oder liebevoll genug? Er war doch ohnehin immer da und kümmerte sich um sie und das Baby. Wer hatte ihr diesen Floh ins Ohr gesetzt? Warum seien Frauen bloß immer so eifersüchtig? Erst als sie ihm an den Kopf warf, daß die andere Frau weniger diskret war als er und einigen Freunden von dieser Affäre erzählt hatte, gab er zu, daß er Romina betrogen hatte. Allerdings meinte er, es sei vollkommen unwichtig und ohnehin schon wieder vorbei. Aber für Romina war die Sache und die Ehe somit gelaufen. Und obwohl sie Jerry noch sehr liebte, war sie eine Frau, die ihre Prinzipien hatte und die Konsequenzen daraus zog. Schon am nächsten Tag übersiedelte sie mit ihrem Baby zu ihren Eltern und reichte die Scheidung ein. Jerry versuchte noch monatelang, sie dazu zu bewegen, ihm zu verzeihen. Aber, wie gesagt, Romina hatte ihre Prinzipien und das Vertrauen zu Jerry verloren. Damit, daß die Männer, wie man sagt, ohnehin alle gleich sind, wollte sie sich nicht zufriedengeben. Sie wollte einen Mann, der anders war als die anderen, und würde auch einen finden, meinte sie vertrauensvoll. Jerry jedenfalls war sie los, und sie hat tatsächlich einen tollen Mann gefunden, der sich hüten würde, sie zu betrügen. Er kennt ihre Vorgeschichte.

Wenn Sie die Ehe trotz der niederschmetternden Statistik – jede dritte wird geschieden – unbedingt einmal ausprobieren wollen, ist Ihnen ohnehin nicht zu helfen. Laufen Sie also frontal in Ihr Glück. Sie sind ja nun wirklich exzellent dafür ausgerüstet. Seien Sie aber auch darauf gefaßt, daß der Ehering so manches in Ihrem Leben verändern kann, womit Sie vielleicht nicht gerechnet haben. Denn genauso, wie Sie sich vielleicht eine ganz spezifische Rolle für ihn angeeignet haben (Sie erinnern sich?), hat er es möglicherweise auch speziell für Sie getan. Daran haben Sie noch gar nicht gedacht, oder? Aber wir vergessen immer viel zu gerne, daß Männer genauso viele Tricks auf Lager haben wie wir. Sie haben ja schließlich viel Zeit gehabt, uns so einiges abzuschauen und nachzumachen. Also bestehen Sie darauf, daß er auf Ihre Wünsche eingeht. Wenn er zögert, stellen Sie ihm ein Ultimatum. Dann ist er selber schuld an seiner Entscheidung, und Sie können Ihre Hände in Unschuld waschen.

Auf einen Blick

- Besprechen Sie Ihre Probleme immer dann, wenn er leidenschaftlich ist. Da haben Sie seine volle Aufmerksamkeit.
- Erinnern Sie ihn regelmäßig daran, wie toll andere Männer sind.
- Schlagen Sie ihm eine platonische Ehe vor. Das ist in Amerika der große Renner.
- Wenn er auf Ihre Wünsche nicht eingeht, stellen Sie ihm ein Ultimatum. Dann ist er selber schuld an seiner Entscheidung.

Kapitel 13

Der Ehealltag

Durch die Eheschließung wird die Liebe institutionalisiert, was ihr einiges an Spannung nehmen kann. Denn alles, was institutionalisiert ist, läuft ohnehin ganz von selbst – meist auf Schienen parallel – irgendwie, irgendwohin, unspektakulär. Mit der Ehe ist das in den meisten Fällen ähnlich, und in Summe nennt man das den Ehealltag. Er ist der berühmte Beziehungskiller. Es gibt ihn überall, nicht nur bei uns. Und meistens kommt er schneller, als man denkt. Seltsamerweise gibt es immer wieder Paare, die nicht damit rechnen, daß er auch sie überfallen wird. Die sind dann doppelt überrascht, wenn sie mit ihm konfrontiert werden. Die „Drei Schs" – schimpfen, schlurfen und schweigen – sind ein absolutes Erfolgsrezept, um diesen Ehealltag so richtig schrecklich zu gestalten.

Die Erwartungen, die Hoffnungen und Sehnsüchte, die vor dem „Ja" hochaktuell waren und deren Erfüllung meist nicht in Frage gestellt wurde (es sei denn, Sie haben dieses Buch vorher gelesen), werden im Laufe der Zeit buchstäblich verschüttet, wenn man sie nicht regelmäßig vom Ehemüll befreit. Allerdings ist es andererseits kontraproduktiv, das zu tun, wenn man den Mann loswerden will. Denn dann könnte es sein, daß man für immer und ewig gefangen bleibt und mit der Zeit ganz darauf vergißt, daß man ihn ja eigentlich gar nicht behalten wollte.

Es ist gar nicht so schwierig, sich aus den Fängen der Liebe zu befreien. Man muß es nur richtig angehen und hoffen, daß der Partner kein Geduldsengel ist. Das wäre ohnehin schon wieder ein Schlechtpunkt für ihn, denn wer will schon einen Heiligen als Ehepartner? Also nichts wie ran an die Arbeit, meine Damen. Nämlich gleich am Anfang des gemeinsamen Ehelebens, dann dauert die Pein nicht so lange. Die Pein, warten zu müssen, bis er so und so irgendwann einmal zu Ende geht, der Traum mit dem Traummann. Die schnellste Art, das Ende herbeizuführen, ist es, sich dieses Ende ständig vor Augen zu halten. Das ist eine sehr wirksame Methode. „Self-fulfilling prophecy" nennen das die Experten. Selbsterfüllende Prophezeiungen. Es gibt ohnehin viel zu wenige Propheten in diesem Jahrhundert.

Wie wir alle aus Erfahrung wissen, verwandeln sich die meisten Märchenprinzen irgendwann wieder in einen Frosch. Das erste Anzeichen dafür, wie wir ja schon betont haben, ist, daß sie sich gehenlassen. Gleich danach, oder häufig sogar parallel dazu, hören sie auf, sich um uns zu bemühen. Nicht, daß wir Frauen uns nicht auch an der eigenen Nase nehmen sollten. Es gibt genügend Prinzessinnen, die sich im Laufe der Jahre in graue Mäuse oder Kratzbürsten verwandeln. So sehen es jedenfalls die Männer. Aber meistens sind beide ganz massiv an dieser Verwandlung beteiligt. Männer *und* Frauen. Denn wie schon die alten Griechen wußten, das Schicksal kann man in die eigene Hand nehmen. Auch wenn die Aufgabenstellung jene ist, Ihren Prinzen daran zu hindern, daß er sein Prachtkleid ablegt. Das ist doch eine Herausforderung, die Sie sich nicht entgehen lassen sollten. Sie können es schaffen. Einzig und alleine Sie. Setzen Sie die Theorie in die Praxis um.

Nehmen wir an, er ist nicht mehr ganz so perfekt, wie er es früher einmal war, was der Normalfall wäre. (Sie sind natürlich so wunderbar wie eh und je, nicht wahr?) Also, warum wollen Sie sich mit halben Sachen und mit der Normalität zufriedengeben? Was, frage ich Sie, kann und soll Sie daran hindern, ihn wieder auf Vordermann zu bringen? Schließlich und endlich profitiert er doch selbst am meisten davon. Schließlich ist es sein Leben. Und spätestens dann, wenn Sie ihn losgeworden sind, ist er genau der Richtige für die nächste. Und die wird Ihnen möglicherweise ein Leben lang dankbar sein für das, was Sie aus ihm gemacht haben. Also los, an die Arbeit.

Haben Sie die Liste noch, die Sie sich auf der Suche nach Ihrem Traummann gemacht haben? Machen Sie nun eine

Liste seiner jetzigen Eigenschaften und vergleichen Sie die beiden Listen. Wenn Sie die erste Liste nicht mehr haben oder gar keine gemacht haben, notieren Sie einfach alle seine Fehler und konfrontieren Sie ihn damit. Warten Sie aber nicht, bis die Beziehung so weit fortgeschritten ist, daß er gar nicht mehr auf Sie hört, also müssen Sie das relativ bald nach der Eheschließung tun. Es wäre zum Beispiel ein lustiges Gesellschaftsspiel, wenn Sie auf Hochzeitsreise sind. Da haben Sie mehr Freizeit als sonst, und es könnte sonst ohnedies schnell langweilig werden. Lassen Sie sich aber nicht aus der Fassung bringen, wenn er ebenfalls anfängt, Listen zu machen. Sie sind schon o. k., sonst hätte er sich ja nicht so um Sie bemüht, und es reicht, wenn einer von Ihnen beiden perfekt ist. Mehr hält die allerbeste Ehe nicht aus. Ich spreche aus Erfahrung. Ich habe nämlich beschlossen, die Perfektion einzig und allein meinem Ehemann zu überlassen. Und das funktioniert nun schon seit beachtlich langer Zeit ausgezeichnet.
Aber zurück zu Ihnen. Wenn Sie nach der Hochzeitsreise wieder im trauten, nun gemeinsamen Heim sind, warten Sie nicht allzulange mit der Einteilung der Haushalts- und anderen Pflichten. Das ist vorrangig! Aber seien Sie nicht unfair. Überlassen Sie ihm ruhig die Hälfte, sonst könnte er sich benachteiligt fühlen. Auch Männern soll man das Gefühl geben, daß sie emanzipiert sind. Andernfalls wissen Sie ja, wohin das führen könnte: zu heimlichen Aggressionen, die oft nie wieder gutzumachende Folgen haben.
Selbstverständlich können Sie auch Wege finden, den Ehealltag zu unterbrechen. Ich will Ihnen nicht die üblichen Hobbies aufdrängen. Die kennen Sie sicher auch ohne langweilige Tips. Gehen Sie lieber auf einen Selbstfindungstrip. Sie werden überrascht sein, was Sie am Ende der Reise finden. Nehmen Sie sich ein Beispiel an Birgit.
Mit neunzehn war sie nicht nur eine Schönheit, sondern auch eine Alleinunterhalterin. Deshalb bekam sie auch hin und wieder eine kleine Rolle in diversen heimatlichen Filmproduktionen. Dann traf sie Alexander. Sein Vater war Eigen-

tümer einer Herrenmodenkette, und gleich nach seinem Juraabschluß an der Universität wurde Alexander als Juniorpartner in die Firma aufgenommen. Als er die junge Schauspielerin bei einer Filmpremiere kennenlernte, verliebte er sich Hals über Kopf in sie und wollte sie vom Fleck weg heiraten. Da Alexander aber stadtbekannt dafür war, daß sein Pfad mit Mädchenherzen gepflastert war, war Birgit vorsichtig. Sie versprach ihrer Mutter hoch und heilig, daß sie nichts überstürzen würde. Aber schon nach drei Wonnemonaten wurde eine Prunkhochzeit gefeiert, die zu einem echten Medienspektakel wurde, weil sie durch die Freundschaften von Alexanders Vater sehr prominent besucht war.
Das erste Ehejahr von Birgit und Alexander war tatsächlich so, wie man es sich nur erträumen konnte. Das junge Paar bereiste die Welt, ließ eine Luxusvilla mit Pool im exklusivsten Viertel der Stadt bauen, und Birgit war schwer damit beschäftigt, die Frau eines reichen Mannes zu sein.
Im zweiten Ehejahr brachte sie eine gesunde Tochter zur Welt, und damit war die Familienidylle perfekt. Wenn Alexander am Abend aus der Firma nach Hause kam, konnte Birgit ihm stundenlang erzählen, was sie und das Baby den ganzen Tag gemacht hatten. Sie war sicher, das war auch für Alexander das Thema Nummer eins, und da er untertags so und so nicht bei ihr und Klein Christina sein konnte und viel von der wundervollen Zeit mit seinen beiden Mädels, wie er sie immer nannte, versäumte, machte sie es wieder gut, indem sie ihn durch Erzählungen alles miterleben ließ.
Jede Nacht, ehe sie einschlief, dankte sie dem lieben Gott für ihr wundervolles Leben.
Alexander hat die Geschichte ganz anders in Erinnerung. Nach der Geburt des Babys gab es zwischen ihm und Birgit keinen anderen Gesprächsstoff mehr als das Baby. Einerseits war er überglücklich über seine entzückende Familie und daß sich Birgit zu einer so wundervollen Mutter entwickelt hatte. Er hätte sich das früher gar nicht vorstellen können, weil sie bis einige Monate vor der Geburt fast jeden Abend auswärts gegessen und anschließend eine Lokaltour

gemacht hatten. Birgit liebte es, in Discos zu tanzen, und sie hatten ungemein viel Spaß miteinander. Jetzt hatten sie ein Baby, und Birgit war trotz Kindermädchens abends meist zu müde, um mit ihm auszugehen. Manchmal konnte er sie überreden, ihn zu einem Geschäftsessen zu begleiten, aber sie hatte es anschließend immer eilig, nach Hause zu gehen, obwohl das Baby ohnehin schlief. Es machte ihm auch nicht viel aus, denn er liebte seine beiden Mädels ja wirklich mehr als alles auf der Welt. Aber er vermißte das Leben vor der Geburt des Kindes.
Birgit spürte natürlich, daß Alexander nicht so unbeschwert war wie früher. Der lustige, lebensfrohe Mann, den sie geheiratet hatte, war stiller geworden. Er hatte einen Großteil der geschäftlichen Lasten zu tragen, da sein Vater seit einem Herzinfarkt nicht mehr voll einsatzfähig war, und mußte deshalb mehr Geschäftsessen absolvieren als früher. Auch hatte sie das Gefühl, er sei ein wenig auf die Kleine eifersüchtig. Zuerst paßte es ihm nicht, daß Christina ihr Bettchen im elterlichen Schlafzimmer hatte, weil er behauptete, er brauche seinen Schlaf, und sie hatten ja schließlich Tag und Nacht ein Kindermädchen. Aber sie setzte sich durch, und so verbrachten sie das zweite Ehejahr zu dritt im Bett.
Dann beschloß das Kindermädchen, eine gebürtige Engländerin, fast über Nacht, daß sie wieder in ihr Heimatland wollte, und eine lange, mühevolle Suche nach einem geeigneten neuen Mädchen begann. Birgit war verzweifelt. Jeden Tag kamen mehrere Frauen vorsprechen, aber keine paßte ihr. Sie flüchtete in eine Depression. Also beschloß Alexander, daß seine Frau eine Aufgabe brauche, die nichts mit Kind und Haushalt zu tun hatte. Er bot ihr an, entweder eine Boutique oder sonst irgendeinen Laden zu kaufen, damit sie aus dem Alltagstrott herausfinde. Vorher aber schickte er sie in eine Therapie.
Für Birgit begann damit tatsächlich ein neuer Lebensabschnitt. Während der Therapie entdeckte sie, daß es noch andere Ebenen gab als jene, auf der sie sich in ihrem bishe-

rigen Leben befunden hatte. Sie leistete sich einen Trainer, der ihr half, ihren Weg zu finden. Mit einer Anleihe bei Alexander gründete sie ihr eigenes Bewußtseinszentrum und wurde eine neue Frau.

Für Alexander führte Birgits neuer Weg in die Wüste. Er konnte nicht mehr zu Hause essen, denn Birgit bestand darauf, daß in ihrem Hause nur mehr vegetarisch gekocht wurde, Alexander aber war leidenschaftlicher Fleischesser. Aber schon der Geruch von Fleisch machte seiner Frau zu schaffen.

Zwar machte es ihm nichts aus, sich ab und zu auf fleischlose Kost zu beschränken, aber er hatte nicht die Absicht, in Zukunft gänzlich auf diesen und andere Genüsse zu verzichten. In letzter Zeit goutierte Birgit es nämlich auch nicht mehr, wenn er sich einen Drink gönnte, denn sie war auch Antialkoholikerin geworden.

Die neue Birgit versuchte mit aller Kraft, Alexander auf den „richtigen" Weg zu bringen. Sie war absolut überzeugt davon, daß der neue Lebensstil, den sie für sich gefunden hatte, auch für ihn der richtige und einzig wahre sei. Sie war überzeugt, er würde genauso wie sie die Erleuchtung finden. Sie hatte keine Ahnung, daß sie ihm zur Fremden geworden war und er sich wie ein Außenseiter im eigenen Heim vorkam. Sie war auch zu sehr mit sich, der Kleinen und ihrem Institut beschäftigt, um zu merken, daß das Körperliche zwischen ihr und ihrem Mann sich in erster Linie auf Zärtlichkeiten ohne Leidenschaft beschränkte. Aber ohne Leidenschaft wollte Alexander nicht leben. Also suchte er sie anderswo.

Birgit war außer sich, als sie von seinen Verhältnissen hörte. Ihr erster Impuls war, die Scheidung einzureichen. Aber dann ging sie in sich und beschloß, den Mann, den sie liebte, nicht kampflos aufzugeben. Aber für Alexander schien die Sache erledigt. Er rechnete nicht mehr damit, daß Sie verstehen würde, daß sie auf ihrem Selbstfindungstrip zwar sich selbst gefunden, aber ihn dabei verloren hatte. Auch war er fest davon überzeugt, daß es kein Zurück gab, und war bereit, die Konsequenzen zu ziehen. Aber da reagierte Birgit schnell und zog die Notbremse. Sie appellierte an sein Gewissen, und schließlich willigte er ein, mit ihr gemeinsam einen Schlachtplan zur Eherettung zu erarbeiten.

Alexander machte eine Liste mit Dingen, die er für unverzichtbar in seinem Leben hielt, und Dingen, auf die er verzichten konnte. Birgit machte ebenfalls solche Listen, und bald wurde ein Spiel daraus. Schon nach wenigen Wochen war klar, daß es in diesem Spiel zwei Sieger geben würde, die sich den Siegespokal, ihre Ehe, teilten. Dabei wäre Birgit ihn ohne Schwierigkeiten kampflos losgeworden. Aber wie so vielen Frauen war auch ihr in dieser Beziehung einfach nicht zu helfen.

Was hat Birgit falsch gemacht? Gar nichts, werden Sie nun vielleicht denken. Sie habe aus ihrer Sicht immer alles richtig gemacht. Dann könnten Sie auch noch die Meinung vertreten, Birgit habe Alexander einfach eine zu lange Leine gelassen. Sie habe sich zu wenig in sein Leben eingemischt. Wenn sie ihn schon losgeworden wäre, als der Ehealltag sie überrollt hatte, hätte sie sich den mühsamen Selbstfindungstrip ersparen können. Ersparen Sie sich also das Los von Birgit, indem Sie sich mit Ihrem Mann schon gleich von Anfang an ausmachen, daß Sie über seine Termine immer Bescheid wissen wollen. Es sieht nämlich ganz dumm aus und kann mitunter auch peinlich sein, wenn Ihre Mutter oder Ihre beste Freundin fragt, wo Ihr Mann denn sei, und Sie können keine genaue Antwort geben. Außerdem ist es immer hilfreich, ihn unter Kontrolle zu haben. Das schafft eine ganz besondere Nähe. Er weiß doch auch immer, wo Sie sich aufhalten, oder?

Lassen Sie seine Geschäftsreisen nicht von seiner Sekretärin buchen. Sie wissen doch, oft stecken Chefs und Sekretärinnen unter einer Decke, und das müssen Sie auf jeden Fall verhindern. Denn wie man ja aus der Literatur und auch aus Fernsehfilmen weiß, macht es den Sekretärinnen oft gar nichts aus, mit ihren Chefs unter einer Decke zu stecken, egal, ob die verheiratet sind oder nicht. Sollte Ihr Mann so

eine Person als Sekretärin haben, ist das die perfekte Gelegenheit, seine Liebe zu testen. Stellen Sie ihn vor die Alternative „sie oder ich“. Und wenn er dann die falsche Entscheidung trifft, haben Sie gewonnen. Dann sind sie ihn los. Den wollten Sie aber ohnehin nicht behalten, oder?
Seien Sie nicht kleinlich. Versichern Sie ihm gleich zu Beginn der Ehe, daß Sie mit Ihrem Einkommen für Ihre eigenen Golfstunden, Ihre Fitneßstudio-Mitgliedskarte und sogar für Ihren Friseur aufkommen. Sein Gehalt darf er für Haushalt, Kinder, Urlaube, diverse Luxusartikel und Geschenke ausgeben. Das wird ihn aufbauen, sein Selbstwertgefühl steigern und seinen Stolz pflegen. Außerdem brauchen Männer ohnehin nicht soviel Geld für sich selbst wie Frauen. Herrenanzüge kommen selten aus der Mode, Hüte schon gar nicht, und ähnlich ist es mit Herrenschuhen. Das wird er mit Sicherheit verstehen.

Auf einen Blick

- Testen Sie in regelmäßigen Abständen seine Liebe. Nur so können Sie sicher sein, daß sie nicht schwindet.
- Konfrontieren Sie ihn möglichst oft mit seinen Fehlern, um ihm die Chance zu geben, sich zu bessern.
- Steigern Sie sein Selbstwertgefühl, indem Sie ihn finanziell für die wichtigen Sachen im Haushalt aufkommen lassen, und überlassen Sie ihm mindestens die Hälfte der Haushaltspflichten. Er könnte sich sonst benachteiligt fühlen.

Kapitel 14
Keine Zeit für Zärtlichkeit

Mit Romantik und Zärtlichkeiten haben Sie einander sicherlich schon vor der Ehe genügend verwöhnt. Außerdem haben wir doch festgestellt, daß Romantik ziemlich altmodisch ist. Wenn Sie ihr aber vor der Ehe dennoch gefrönt haben, heißt das noch lange nicht, daß man sich diese Mühe auch noch nach Ausfertigung des Trauscheins geben muß. Schließlich haben Sie Ihr Ziel ja erreicht, nicht wahr? Ich meine, wo käme man denn hin, wenn das jetzt alles so weiterginge wie vorher! Wer hat denn heutzutage schon viel Zeit für Zärtlichkeit! Man hat ja schließlich und endlich auch noch andere Dinge zu erledigen, nicht? Wer, frage ich Sie, braucht zum Beispiel ein Abendessen bei Kerzenlicht! Es wäre doch wirklich schade, wenn eine so kulinarische Angelegenheit zur Routine würde. Sicher schätzt er es um so mehr, wenn Sie sich einmal im Jahr, vielleicht zu seinem Geburtstag, diese Mühe machen. Wie heißt doch schnell der bewährte österreichische Spruch? „Wenn es jeden Tag Schnitzel gibt, weiß man nicht, wann Sonntag ist." Dasselbe gilt für Zwischendurchgeschenke. Die nehmen ohnehin nur Platz im Schrank weg. Sein liebstes After-shave, ein Überraschungsabend im Theater, ein Handwärmer im Winter etc., wozu der Aufwand? Das haben Sie ihm doch alles schon vor der Hochzeit geschenkt. Außerdem kann er sich das alles ja auch selber kaufen. Besser, man spart Zeit, Geld und Energie. Zeit wofür, fragen Sie? Ganz einfach, um möglichst lange am Abend vor dem Fernseher schlafen zu können.

Apropos schlafen, das ist ein wichtiges Thema, nicht nur in der Ehe. Aber fangen wir doch beim Ehebett an. Am bewährtesten sind Ehebetten mit einem relativ großen Spalt in der Mitte. Es kann nämlich ziemlich lästig werden, wenn einem der Bettgefährte nach dem Einschlafen zu nahe kommt. Jeder Schnarcher, jeder Huster und jeder Alptraum

rüttelt einen aus den Federn, und man kann die Tiefschlafphase so gut wie nie wirklich genießen. Am besten schläft man mit Abstand und allein, meinen die Schlafforscher. Getrennte Zimmer sind ideal. Das ist außerdem ultramodern geworden. Da man sich ja zunehmend weniger Kinder und mehr Geräte leistet, kommt es auf ein Zimmer mehr oder weniger auch nicht mehr an. Stellen Sie sich nur vor, wie romantisch es in den alten Schwarzweißfilmen zuging, wenn der Held schüchtern an die Tür der Heldin klopfte. Sie lag erwartungsvoll und pochenden Herzens im Seidenpyjama im satinbezogenen Bett und hauchte: „Herein." Dann kam die Schwarzblende, und jeder wußte, was das bedeutete. Also – stellen Sie sich das bei sich zu Hause vor. Das brächte Romantik ohne Ende. Eine Überlegung wert, oder? Aber nur, wenn Sie auf das Altmodische stehen. Sollte Ihr Partner sich weigern, ein Zimmer der Wohnung als zweites Schlafzimmer herzugeben, gibt es ja immer noch die Möglichkeit getrennter Betten im selben Raum. Es ist mir ein Anliegen, noch einmal darauf hinzuweisen, daß dieser Lifestyle-Tip nicht von mir stammt, sondern von Schlafexperten. Man kann sich ja die gemeinsamen Nächte ausmachen, behaupten die. „Einmal kommst du in mein Bett, einmal komme ich in deines." Wenn beide ein Bett teilen, ist das mit Sicherheit lange nicht so spannend. Deshalb sollte man es wirklich gleich zu Beginn der Ehe so einrichten, daß Sex nur am Wochenende praktiziert wird. In späteren Ehejahren läuft es ja ohnehin in diese Richtung, also kann man das genausogut gleich von Anfang an einführen, damit man sich später die Umstellungsschwierigkeiten erspart.
Vergessen Sie niemals auf die Spannung. Ziehen Sie sich zum Beispiel nicht vor ihm im Schlafzimmer aus. Überraschen Sie ihn lieber, indem Sie sich im Bad oder sonstwo umziehen und dann vielleicht jeden Abend in einem anderen Nachthemd oder Pyjama auftauchen. Aber bitte nicht nackt! Nackt ist höchst langweilig. Nackt sein kann jeder. Nackt sein ist schlicht und einfach einfallslos. Sorgen Sie lieber für Überraschungen, zum Beispiel in Gestalt von Lok-

kenwicklern. Erklären Sie ihm einfach, wie wichtig es Ihnen ist, daß Sie am nächsten Tag im Büro hübsch sind, und daß es Ihren Kollegen so gut gefällt, wenn Sie toll aussehen. Das wird ein verständnisvoller Ehemann einsehen.
Wenn wir schon beim Thema Schlafzimmer sind: Kerzenlicht ist nur eine Notlösung für den Fall eines Stromausfalls. Erstens ist es feuergefährlich, und zweitens kann man, ähnlich wie beim Essen bei Kerzenlicht, schlecht dabei lesen. Und wenn Sie auch nur ein klein wenig umweltbewußt sein wollen, löschen Sie bitte während des Liebesaktes alles, was brennt, aus. Das gilt für Licht und Kerzenflamme. Erstens, um Energie zu sparen, und zweitens, weil es ja ohnehin nichts zu sehen gibt, das Sie nicht schon längst kennen. Sie haben doch dabei Ihre Augen ohnedies zu, oder?

Auf einen Blick

- Romantik ist altmodisch und ohnehin schon vor der Eheschließung genügend strapaziert worden. Wenn Sie auch nach der Eheschließung noch romantisch sind, werden Sie ihn möglicherweise noch lange nicht los.
- Ein heißer Tip von Tiefschlafforschern: Bestehen Sie auf getrennten Schlafzimmer.
- Gewöhnen Sie sich gleich am Anfang der Ehe an, daß Sie nur am Wochenende miteinander schlafen. Dann ist die Umstellung in späteren Ehejahren leichter zu verkraften.

Kapitel 15

Sex und seine Konsequenzen

Wenn man im Internet SEX anklickt, werden innerhalb von Sekunden Tausende Websites ausgespuckt. Vergleicht man hingegen die Auflage 1971 der Encyclopedia Americana, findet man unter SEX alleine gar nichts. Dann kommt SEXualkunde, und dann folgt schon SEXtant.
Das soll selbstverständlich nicht heißen, daß man in Amerika Sex erst im letzten Vierteljahrhundert entdeckt hat. Aber erst seit der Flower-power-Bewegung, die bekanntlich in San Francisco begann, ist Sex ein gesellschaftsfähiges Gesprächsthema geworden. Heutzutage ist es keine Affäre mehr, sich jede Menge Fachliteratur, Bücher, Zeitschriften, Filme zu dem Thema zu beschaffen, das schon wegen der Natur der Sache für immer und ewig das Gesprächsthema Nummer eins bleiben wird.
Früher, und es ist noch gar nicht so lange her, bestand die sexuelle Beziehung eines Paares hauptsächlich darin, daß von der Frau erwartet wurde, ihren Mann zu befriedigen. Frauen haben sich in eine Traumwelt geflüchtet und sind dort auch oft hängengeblieben. Die Männer hingegen haben ihre Träume in die Realität umgesetzt und sich Liebhaberinnen genommen. Sie kamen angeblich gar nicht auf die Idee, daß ein Orgasmus auch für das andere Geschlecht, insbesondere Ehefrauen, etwas Lustvolles sein könnte oder daß Frauen sogar ein Recht auf Lust am Sex haben könnten. Allerdings scheint es mir unglaubwürdig, daß die Männer früherer Generationen so unsensibel gewesen sein sollen. Ich glaube eher, daß man früher mit diesem Thema einfach nicht an die Öffentlichkeit gegangen ist. Und wenn man darüber gesprochen hat, dann nur hinter vorgehaltener Hand. Das haben Tabuthemen so an sich. Aber es kann doch einfach nicht sein, daß es früher keine zärtlich-liebenden Paare gegeben hat. Gerade weil Frauen damals ein extrem strapa-

ziöses Leben führten, waren sie um so liebesbedürftiger. Die Zeiten ohne Geschirrspüler, Waschmaschinen und Wäschetrockner, Zentralheizung, Staubsauger, Fertigmilch und Wegwerfwindeln waren hart. Deshalb waren Frauen lange vor ihrer Zeit alt und ausgelaugt, zählten schnell zum alten Eisen und wurden auch dementsprechend behandelt.

Seitdem Frauen aber die Möglichkeit der Geburtenkontrolle in der Hand haben und die sexuelle Befriedigung für sie gesellschaftsfähig geworden ist, kann man sie nicht mehr daran hindern, am Liebesakt Spaß haben zu wollen. Frauen begnügen sich nicht mehr so wie früher mit einseitigem Sex. Sie wollen auch auf ihre Rechnung kommen, und zum Großteil gelingt ihnen das auch. Aber auch die Gedankenwelt der Männer scheint sich in dieser Beziehung zu ändern. Für viele ist es mittlerweile zum Sport geworden, Frauen Lust zu verschaffen. Eine Sportart, die wir Frauen ohne weiteres unterstützen wollen.

Wir können uns selbstverständlich auch glücklich schätzen, daß es uns endlich gelungen ist, lustvoll und ohne schlechtes Gewissen mit unserem Körper umzugehen. Was speziell in katholischen Kreisen früher als Sünde gegolten hat, ist heute längst nicht mehr der Rede wert. Auch gehen immer mehr Paare dazu über, die Glut der Leidenschaft mit Hilfsmitteln wie Zeitschriften, Büchern oder Filmen immer wieder erneut zu entfachen. Die Ansicht, daß Mann und Frau von Natur aus wissen müssen, was dem anderen in sexueller Hinsicht gefällt, war schon immer falsch. Es ist nun mal so, daß eine Frau niemals das fühlen kann, was ein Mann fühlt, und umgekehrt. Warum sollte das auch so sein? Das „Anderssein" liegt in der Natur der Sache und ist ja gerade deshalb so reizvoll. Aber nur wenige Frauen schaffen es, ihre Scheu abzulegen und ihrem Partner zu sagen, was sie am liebsten mögen. Aber sie sind auf den Weg dorthin. Jede Generation wird fortschrittlicher.

Männer haben es leichter mit ihren Wünschen, aber auch das liegt in der Natur der Dinge. Männer waren schon immer das aggressivere Geschlecht. Im Idealfall gehen Mann

und Frau gemeinsam auf Entdeckungsreise, um ein erfülltes Sexualleben zu erlangen. Dieses nämlich ist der Schlüssel zu jeder funktionierenden Beziehung. Darüber jedenfalls sind sich die Sexexperten einig.
Nur ein Problem stellt sich hier: Einen Partner, mit dem Sie ein erfülltes Sexualleben haben, und dem es mit Ihnen ebenso geht, werden Sie nur schwer loswerden können. Deshalb gibt es natürlich auch hier einige Regeln, an die Sie sich halten können, wenn Sie das harmonische Leben mit ihm satt haben und etwas Abwechslung suchen.
Gäbe es so etwas wie einen Oscar im Loswerden, wäre Meg sicher eine Anwärterin. In der Tat hat sie schon Erfahrung mit dem Thema, und Übung macht auch hier die Meisterin. Ihren ersten Mann heiratete die damalige Jurastudentin, als sie dreiundzwanzig war. Sie lernte Karl Gustav, den attraktiven und erfolgreichen Rechtsanwalt mit den grauen Schläfen während ihres Gerichtsjahrs kennen. Der Haken an der Liebesgeschichte war, daß auch die Ehefrau des Rechtsanwalts schon leicht ergraut war, was sicherlich teilweise mit der Promiskuität ihres Gatten zu tun hatte. Zum Glück oder Unglück von Meg war sie der Tropfen, der das Faß zum Überlaufen brachte. Als Karl Gustavs Frau vom neuen Verhältnis ihres Mannes erfuhr, reichte die Zermürbte die Scheidung ein und wurde damit wohlhabend. Der Rechtsanwalt hatte aufgrund seiner stadtbekannten Vergangenheit keine Wahl. Er mußte allmonatlich Unsummen an Alimenten für seine betrogene Ex und die drei gemeinsamen schulpflichtigen Kinder zahlen.
Meg war mitfühlend und liebevoll. Was hatte sie doch für einen tollen Liebhaber, der ihretwegen eine Scheidung über sich ergehen ließ. Geduldig tröstete sie den Verstoßenen, der ihr zum Dank auch umgehend die Ehe anbot. Hoch und heilig versprach er, Meg niemals zu betrügen und sie zu lieben, bis daß der Tod sie scheiden würde. Das zweite Versprechen hätte er möglicherweise auch eingehalten, aber diese Chance bekam er nicht.
Zwei Kinder und drei Jahre später fand sich Meg in dersel-

ben Situation wieder, in der sich einst Karl Gustavs erste Frau befunden hatte, mit dem Unterschied, daß nun der Großteil seines Einkommens für Alimente aufgebracht werden mußte und er die neue Familie keinesfalls großzügig erhalten konnte. Sein Treueschwur war zur Farce geworden. Er konnte hübschen Frauen einfach nicht widerstehen. Meg erkannte, daß sich ihr Mann niemals ändern würde, und zog die Konsequenzen. Die Scheidung dauerte genau zwölf Minuten.

Die nächsten Jahre arbeitete Meg als Konzipientin in einer großen Kanzlei und hatte mehrere unbelastete Liebesabenteuer. Dann traf sie Leopold. Leopold stammte aus einer Musikerdynastie. Sein Vater war ein berühmter Dirigent und hatte den fünf Kindern ein Millionenerbe hinterlassen. Leopold, fast drei Jahrzehnte älter als Meg und Vater zweier erwachsener Söhne aus erster Ehe, hatte sich einen Namen als Pianist gemacht und konnte der hübschen Meg mit Reisen in ausländische Großstädte imponieren, wo er als Star gefeiert wurde. Anfangs begleitete sie ihn nach London, Rom und Paris und genoß das Leben an seiner Seite. Und als er sie bat, seine Frau zu werden, schwebte sie im siebenten Himmel.

Das Leben mit Leopold war herrlich, aber nach dem ersten Ehejahr und vielen weiteren Reisen, auf die sie ihre kleinen Töchter Thessy und Fanni mitnahm, wurde ihr bewußt, wieviel Unruhe sie in den Alltag der Kinder brachte, und sie beschloß, Leopold nur auf den großen Reisen zu begleiten.

Leopolds Reisen wurden immer ausgedehnter, und ab und zu traf sie sich zum Abendessen mit dem einen oder anderen Kollegen, nachdem die Kinder zu Bett gegangen waren. Aber um Mitternacht war sie immer zu Hause, denn zu dieser Zeit kam allnächtlich Leopolds Anruf. Das hatten sie so vereinbart. Doch dann passierte ihr etwas, wovon sie nie gedacht hatte, daß sie dessen fähig wäre. Eines Abends traf sie sich mit Felix, einem Anwalt, mit dem sie nach ihrer Scheidung ein kurzes Verhältnis gehabt hatte, der damals aber verheiratet gewesen war. Mittlerweile war Felix geschieden, und sie hatte ihn seither nicht mehr gesehen. Jetzt schien er irgendwie anders, befreiter. Genau wie damals war er fasziniert von seiner hübschen Kollegin. Auch Meg fühlte wieder das gewisse Kribbeln in der Nabelgegend, das sie schon einmal für ihn empfunden hatte, aber pflichtbewußt ging sie kurz vor Mitternacht nach Hause, um erstens der Versuchung zu entgehen und außerdem Leopolds Anruf nicht zu verpassen.

Das nächste Treffen mit Felix war schon ein Spiel mit dem Feuer, und beim übernächsten passierte „es" auch tatsächlich. Die Kinder waren zum Wochenende bei den Großeltern und Leopold in Moskau. Und wie schon der immergrüne Radiohit suggeriert: „if you can't be with the one you love, love the one you're with" – wenn du nicht bei deinem Geliebten sein kannst, liebe den, der bei dir ist.

Immer, wenn Leopold zu Hause war, war Meg ihm eine liebevolle Gattin. Und wenn er weit weg war, hatte sie Felix. Für sie war klar – Leopold war für Herz und Seele, Felix für die Leidenschaft zuständig. Für nichts in der Welt hätte sie Leopold gegen Felix eingetauscht, aber solange Felix mitspielte – was er gerne tat, weil er genau das hatte, was viele Männer sich wünschen: eine Geliebte, die keine Ansprüche stellt –, glaubte sie nichts verlieren zu können. Schließlich fanden diese Schäferstündchen zwischen ihr und Felix ja ganz im geheimen in ihren eigenen vier Wänden statt, wenn die Kinder woanders übernachteten.

Aber gerade das wurde ihr zum Verhängnis. Nach wie vor war sie immer um Mitternacht zu Hause, wenn Leopolds Anruf kam. Felix hatte sich daran gewöhnt, daß Meg zwar in seinen Armen lag, aber gleichzeitig mit ihrem Mann am Telefon turtelte. Genau so war es auch, als Leopold, der nach Florenz gereist war, anrief und seiner Meg gute Nacht wünschte. Was sie nicht wußte, war, daß er mit seinem Mobiltelefon vor der Haustür stand und Meg überraschen wollte. Mit einer offenen Champagnerflasche und zwei Gläsern schlich er sich in das zweistöckige Haus. Die hellhörige Meg bemerkte ein Geräusch und befürchtete, es seien Einbrecher. Felix warf sich Leopolds Schlafrock um, öffnete leise die Tür zum Flur und blickte über die Balustrade hinunter – gerade in dem Moment, als Leopold die Treppen hinaufschlich. Beide Männer erstarrten. Auch Meg erstarrte, als sie, nur mit einem Handtuch bekleidet, hinter der Tür hervorspähte.

Diese Scheidung dauerte etwas länger als zwölf Minuten. Meg erlitt einen Nervenzusammenbruch, weil ihr Mann ihr nicht verzeihen wollte, obwohl sie Felix dazu brachte auszusagen, daß „es" das erste Mal gewesen war. Aber Leopold war selbst ein „Gebrannter" und wollte einfach keine Frau, der er nicht vertrauen konnte. Auch Felix hielt nicht zu ihr. Er wollte ebenfalls keine Frau, die in einer Krisensituation nicht zu ihm hielt. So war sie zwei Männer mit einem Schlag los.

Auf einen Blick

- Wenn Sie mit Ihrem Partner ein erfülltes Sexualleben haben, ist die Chance, ihn loszuwerden, relativ gering. Also lassen Sie sich etwas einfallen.
- Nehmen Sie sich einen Geliebten, dann sind Sie Ihren Mann wahrscheinlich ganz schnell los.

Kapitel 16
Bewährte Liebestöter

Stellen Sie sich vor, wie schön das wäre, ein Leben ohne ihn. Ein Leben, in dem Sie sich nach niemandem richten müssen. Stellen Sie sich nur vor – frühstücken und gleichzeitig ohne schlechtes Gewissen lesen. Sie müssen den Tisch nicht abräumen, weil die Unordnung keinen stört, Sie können sich selbst, frei nach Wahl, Blumen kaufen, müssen nicht vom Büro heimeilen, weil ja ohnehin keiner auf Sie wartet, Sie können durch die Fernsehwelt zappen, soviel Sie wollen, und können ruhig mit Lockenwicklern und Baumwollpyjama schlafen gehen. Es ist ja keiner da, den es irritieren könnte. Sie können sich nach Lust und Laune mit ihren Freundinnen in Single-Bars treffen, können alleine oder mit einer Bürokollegin auf Urlaub fahren und müssen sich kein Programm fürs Wochenende überlegen. Man vergißt immer wieder, wie frei und unabhängig man sich fühlen kann, wenn man ihn endlich losgeworden ist. Außerdem kann man stundenlang mit Freundinnen telefonieren und sie anjammern, daß es einfach keine guten Männer gibt. Das könnten Sie nie und nimmer, wenn Sie einen zu Hause hätten. Also – her mit den Liebestötern!

Wichtig ist, daß Sie sich gehenlassen. Haben Sie es schon einmal versucht? Das funktioniert am besten im Urlaub, wenn Sie mit Ihrem Mann ganz alleine sind und keine Rücksicht auf Ihren Chef, die Bürokollegen oder Ihre Angestellten nehmen müssen. Lassen Sie sich einfach gehen. Tun Sie das, was Männer im Urlaub so gerne machen. Lassen Sie die Körperpflege und Hygiene einfach ein paar Tage weg. Vergessen Sie aufs Zähneputzen. Wenigstens für ein paar Tage. Das wird den Zahnteufel schon nicht auf die Barrikaden bringen. Lassen Sie die Schminke weg, und zeigen Sie Ihr wahres Gesicht. Vielleicht erkennt er Sie dann ohnehin nicht mehr. Vergessen Sie darauf, Ihre Haare nachzutönen, und lassen Sie um Himmels willen die Reizwäsche daheim.

Wenn Sie nun schon einige Jahre mit ihm in einer Lebensgemeinschaft leben, könnte es sein, daß er gar keinen großen Unterschied bemerkt. Manche Männer sind einfach so. In diesem Fall ist es ohnehin Zeit für neuen Zündstoff. Es könnte aber auch sein, daß Sie von anderen Frauen, die sich im Urlaub besonders pflegen und hübschmachen, so abstechen, daß Ihr Mann nur mehr Augen für die anderen hat. Na bitte. Ein perfekter Anlaß für eine Krise. Endlich haben Sie einen Grund, den Anfang vom Ende heraufzubeschwören.

Wenn Sie nicht warten wollen, bis der gemeinsame Urlaub fällig ist, können Sie die Sache auch zu Hause angehen. Machen Sie sich zum Beispiel immer nur dann schön, wenn Sie ohne ihn ausgehen, egal, ob alleine oder mit Freunden. Wichtig ist, daß er weiß, Sie haben sich für jemand anderen besonders schöngemacht. Wenn er es nicht von alleine merkt, weil Sie eben schon so lange zusammen sind, und er Sie ohnehin gar nicht mehr genau ansieht, machen Sie ihn darauf aufmerksam. Gehen Sie vor ihm auf und ab und sagen Sie ihm, daß Sie sich für – wen immer – besonders schönmachen wollten. Wenn Sie mit ihm gemeinsam ausgehen, können Sie sich die Mühe sparen. Er merkt es, wie gesagt, ja ohnehin vielleicht gar nicht, und Sie haben sich dann ganz umsonst angestrengt. Das wäre vergeudete Zeit. Sie gehören doch nicht etwa zu der Sorte Frauen, die für sich selbst attraktiv sein will, oder?

Jetzt könnten Sie meinen, daß man Oberflächlichkeiten nicht überbewerten soll. Im Prinzip haben Sie recht. Doch man sollte sie auch keinesfalls unterschätzen. Steter Tropfen höhlt den Stein.

Wenn es allerdings zur körperlichen Liebe kommt, sind die Herren gleich viel sensibler. Da werden sie hellhörig, und nicht die leiseste Nuance entgeht ihnen. Hier ein paar Sätze, die Sie sich gut einprägen und so oft wie möglich anwenden sollten, wenn er Lust auf Sex hat. Auch wenn Sie selbst eigentlich auch Lust hätten, vergessen Sie nicht: Mit einer funktionierenden Sexualbeziehung werden Sie es nicht schaffen, ihn loszuwerden. Und das wollen Sie doch, oder? Also, ergreifen Sie jede sich bietende Gelegenheit, ihm eine kalte Dusche zu verpassen. Vielleicht haben Sie nicht sofort Erfolg. Vielleicht ist er von der geduldigen und verständnisvollen Sorte. Es könnte aber auch sein, daß Sie dann dringend ein Ausweichquartier brauchen. Also kalkulieren Sie diese Möglichkeit mit ein, und bitten Sie eine gute Freundin, Bereitschaftsdienst zu halten.

- Du, ich habe heute wieder schreckliches Kopfweh. Schau doch lieber fern.
- Du, mein Kreuz tut mir schon wieder so weh. Schau doch lieber fern.
- Entschuldige, aber ich habe schon wieder eine Fieberblase. Und ohne Küssen mag ich das nicht so gerne. Schau doch lieber fern.
- Du, nicht schon wieder. Wir haben doch gerade erst vor ein paar Tagen. Ich möchte lieber fernsehen.
- Bitte jetzt nicht. Siehst du nicht, daß ich ein spannendes Buch lese? Kannst du dich nicht irgendwie anders beschäftigen?
- Pfui, du stinkst. Hast du schon wieder Knoblauch gegessen (Zigarren geraucht, Schnaps getrunken, dieses gräßliche After-shave verwendet etc.)?
- Muß das jetzt sein? Jetzt fängt doch gerade ein spannender Krimi an.
- Was? Zuerst streiten wir, und dann willst du mit mir schlafen? Bist du verrückt?
- Was? Jetzt hast du den ganzen Abend ferngesehen, und jetzt willst du mit mir schlafen? Das hättest du dir früher überlegen müssen.
- Immer dasselbe. Schau dir doch einmal einen Sexfilm an. Vielleicht lernst du da etwas Neues.
- Bitte nicht heute. Du weißt, knapp vor der Regel fühle ich mich nicht danach.
- Bitte nicht heute. Während der Regel mag ich das nicht.

- Bitte nicht heute. Wann merkst du dir endlich, daß ich mich knapp nach der Regel einfach nicht danach fühle!

Wenn Sie wollen, daß ihm wirklich alles vergeht, warten Sie, bis Sie mitten im Geschehen sind. Das wirkt noch nachhaltiger, als wenn Sie ihn schon vorher vergrämen. Allerdings müssen Sie damit rechnen, daß Sie ein paar blaue Flecken davontragen. Also merken Sie sich die Notrufnummer auswendig, ehe Sie die folgenden Tips umsetzen.

- Lachen.
- Bitte küsse mich nicht. Du hast einen fürchterlichen Mundgeruch.
- Kannst du dich bitte beeilen? Ich muß mir noch die Nägel lackieren.
- Bitte beeile dich. Der Krimi fängt gleich an.
- Bitte nicht da. Nein, da auch nicht. Ich habe dir doch schon gesagt, das mag ich nicht.
- Au! Mußt du immer so grob sein?
- Steht er dir heute nicht? Macht nichts. Das ist mir zwar noch nie passiert, aber ich habe vollstes Verständnis.
- Können wir das nicht auf morgen verschieben?
- Denkst du gerade an eine andere Frau?
- Hast du es schon einmal mit einem Mann probiert?
- Hast du die Katzen (den Hund) schon gefüttert?
- Oh! Das ist toll, Walter . . . äh . . . Charlie.
- Oh! Du machst das fast so gut wie Walter, Charlie.

Überhaupt ist es so, daß viele Paare beim Sex mit ihren Gedanken ganz woanders sind, als der Partner glaubt. Und wenn das bei Ihnen auch so ist, spielen Sie ihm doch nichts vor. Lassen Sie ihn doch wissen, was gerade in Ihnen vorgeht. Beziehen Sie ihn in Ihre Gedankenwelt mit ein. Lassen Sie ihn doch nicht im dunkeln. Sprechen Sie doch aus, was Sie denken. Vielleicht ist er froh zu wissen, daß es Ihnen genauso geht wie ihm. Das könnte sich dann ungefähr so anhören:

Er sagt: Ach, Liebling. Ich begehre dich so.

Er denkt: Ach Gott, jetzt muß ich sie erst in Stimmung bringen. Ich bin doch schon so müde.

Sie sagt: Ich begehre dich auch.
Sie denkt: Ach Gott, jetzt fängt diese Herumfummelei schon wieder an. Warum können wir es nicht einfach hinter uns bringen. Ich bin doch schon so müde.
Er sagt: Ich habe den ganzen Tag an dich gedacht – an deine seidige Haut . . .
Er denkt: Ich muß gleich nachher in meinen Filofax schauen, wann der Banktermin morgen ist.
Sie sagt: Ich liebe es, wenn du mich ausziehst.
Sie denkt: Hoffentlich macht er keine Laufmasche in meine Nylonstrümpfe.
Er sagt: Magst du es, wenn ich dich hier berühre?
Er denkt: Heute braucht sie aber lange, bis sie in Fahrt kommt. Mache ich etwas falsch?
Sie stöhnt: Ja.
Sie denkt: Hoffentlich habe ich im Keller das Fenster zugemacht. Es fängt gleich an zu regnen.
Er sagt: Du riechst so unheimlich sexy.
Er denkt: Komisch. Hier riecht sie nach After-shave. Und es ist nicht meines.
Sie: stöhnt nur.
Sie denkt: Mein Gott, er wird mir doch hoffentlich keinen Lutschfleck machen.
Er sagt: Du machst mich ganz verrückt.
Er denkt: Jetzt komm doch endlich. Ich bin müde.
Sie sagt: Sex mit dir ist toll.
Sie denkt: Das dauert aber lange heute. Mache ich etwas falsch?
Er sagt: Du bist die sinnlichste Frau auf der Welt.
Er denkt: Von wem ist das After-shave, und warum riecht sie gerade hier danach?
Sie: stöhnt nur.
Sie denkt: Jetzt komm doch endlich, sonst schlafe ich ein.
Er: ist eingeschlafen.
Glauben Sie bitte nicht, dieser Dialog sei erfunden. Sowohl Männer als auch Frauen haben mir bestätigt, daß sie den Liebesakt häufig schon so ähnlich erlebt haben. Aber die

Gedanken sind ja zum Glück frei, auch in der Welt der Liebenden. Was sich da sonst noch an Phantasien abspielt, wäre ein anderes Kapitel – aber das gehört nicht in dieses Buch.

Wenn Sie ihn also mit der asexuellen oder unerotischen Masche loswerden wollen, denken Sie immer daran, je schneller Sie sich abgewöhnen, verführerisch zu sein, um so schneller kommen Sie ans Ziel. Also weg mit allem, was Sie benützt haben, um ihn zu ködern. Jene Kleidung, die Ihnen anfänglich behilflich war, sinnliche oder gar laszive Gedanken in ihm zu wecken, hat jetzt in Ihrer Garderobe nichts mehr verloren. Oder haben Sie die ohnehin im Laufe der Zeit wieder abgelegt? So etwas passiert nämlich meist ganz von alleine. Wenn man die kleinen Seiden- und Spitzendinger, die ihn früher so aufgegeilt haben, nicht mehr braucht, kauft man sie auch nicht mehr nach, wenn sie putztuchreif geworden sind. Sie sind ohnehin meist viel teurer als die baumwollenen, und die tun es ja schließlich auch, um den Allerwertesten warm zu halten. Sollten Sie in Ihrem Wäscheschrank aber doch noch schwarze Spitzenunterwäsche, rosa Slips und Push-up-BHs finden, weiße Satinnachtwäsche und halterlose Strümpfe, Strapse und alles, was dazugehört, weg damit. Ihre Freundinnen freuen sich möglicherweise über die engen, kurzen oder geschlitzten Röcke, die dekolletierten Kleider, die Seidenblusen und die ausgeschnittenen Pullis. Jetzt haben bei Ihnen die Liebestöter Hochsaison. Versorgen Sie sich mit Baumwollstrumpf- und -unterhosen sowie -unterhemdchen. Da gibt es die besonders netten, die Großpapa an Großmama schon so lieb fand. Erinnern Sie sich? Von nun an halten Sie Baumwollnachthemden, Pyjamas und dicke Socken warm in der Nacht. Denn sonst tut es möglicherweise ohnehin keiner mehr.

Was besonders ankommt, sind Gesichtsmasken am Abend vor dem Schlafengehen. Es gibt eine ganze Reihe von Köstlichkeiten, die der Haut guttun. Yoghurt-Honigmasken, Gurkenmasken, Sauerrahmmasken, Eiweißmasken oder sogar

Hefemasken. Wenn es zu umständlich für Sie ist, eine Maske zuzubereiten, tragen Sie eine dicke Schicht Lanolincreme auf. Und dann ziehen Sie sich mit einem guten Buch ins Bett zurück. Wenn er auch nur ein klein wenig sensibel ist, wird er ohnehin merken, daß Sie nicht wirklich zum Schmusen aufgelegt sind. Wenn er aber eher schwer von Begriff ist, dann machen Sie zusätzlich eine Knoblauchkur. Und sollte er sich entscheiden, sich aus rein gesundheitlichen und kollegialen Gründen dieser Kur anzuschließen, machen Sie eine Urinkur. Da gibt er mit Sicherheit auf, obwohl man mit dieser Kur angeblich einer Unzahl von Symptomen zu Leibe rücken kann. Jedenfalls, vom Leibe halten können Sie ihn damit ganz bestimmt. Glauben Sie mir. Keiner wird Ihnen körperlich zu nahe kommen wollen, während Sie eine Urinkur machen. Das weiß ich aus sicherer Quelle.
Es kann allerdings passieren, daß Sie ihn so zwar nicht loswerden, er aber doch bemerkt, daß Sie an Sex mit ihm wenig bis gar nicht mehr interessiert sind. Also wird er aller Wahrscheinlichkeit nach (Männer sind ja so berechenbar) seine Liebesdienste einer anderen anbieten. Früher mußten es die Frauen akzeptieren, wenn Männer ihre sexuelle Lust außerhalb der ehelichen Gemeinschaft sättigten. Heute kann man das schlicht und einfach zum Anlaß nehmen, ihn loszuwerden. Es sei denn, man ist unverbesserlich. Trösten Sie sich, das kommt sogar in den allerbesten Kreisen vor.

Auf einen Blick

Seien Sie einfallsreich in bezug auf Liebestöter. So werden Sie ihn nämlich am schnellsten los.

Kapitel 17

Der Anfang vom Ende

Haben Sie sich endlich an den Ehealltag gewöhnt, dann ist es an der Zeit, Ihrem Kinderwunsch nachzugehen, falls dieses Thema für Sie nicht ohnehin schon längst erledigt ist. Kinder stören den Ehealltag insofern, als sie Abwechslung bringen. Die Kindererziehung kann man hervorragend aufteilen, indem man sich abwechselnd um die Kleinen kümmert. So gibt es weniger Reibungsflächen zwischen Ihnen und Ihrem Partner. Insbesondere, wenn man sich über die Prinzipien der Kindererziehung nicht einig ist, kann man sich doch wenigstens darauf einigen, daß eine Woche der eine und die andere Woche der andere die Erziehung übernimmt. Das hat auch einen erzieherischen Wert, denn das kleine Volk stellt sich so vom Säuglingsalter an darauf ein, daß das Leben ein ständiges Hin und Her ist.

Bei den Naturvölkern war es in Familien mit Kindern immer so, wie es bei vielen jungen Eltern im hochentwickelten Westen jetzt der Brauch ist: Die Kinder sind immer und überall dabei. Noch vor einer Generation haben die hartherzigen Eltern in unseren Breiten die Kinder schon im zarten Säuglingsalter aus dem Schlafzimmer verbannt. Zum Glück hat sich das radikal geändert. Ich kenne kaum ein junges Paar, das sein Baby nicht im elterlichen Zimmer schlafen läßt. Erstens können Sie sich bei der Aufgabe der Nachtfütterung und Trockenlegung abwechseln, ohne das Zimmer verlassen zu müssen, und zweitens bekommen Sie beide viel mehr von den Träumen der Kleinen mit, als wenn sie mutter- und vaterseelenalleine im Kinderzimmer übernachten müssen. Überhaupt wäre es eine Ideallösung für das Kleine, auch wenn es schon etwas größer ist, zwischen Ihnen schlafen zu dürfen. Dann fühlt es sich niemals alleine und immer geborgen. Bei den Naturvölkern ist es, wie gesagt, ja auch nicht anders. Deshalb haben jene Menschen angeblich

auch keine Probleme mit der Sexualität. Weil der Geschlechtsverkehr einfach nichts Geheimnisvolles und Aufregendes ist wie bei uns. Die Kinder bekommen von klein auf alles mit, man muß später keine peinlichen Fragen beantworten, und sie müssen sich nicht jahrelang den Kopf darüber zerbrechen, woher die Babys kommen. Ist doch toll, was? Sie müssen sich eben ein Bett leisten, das groß genug ist für alle.
Sollte es sich aber doch irgendwann herausstellen, daß der Sex ein wenig zu kurz kommt, bleibt Ihnen ja immer noch das Kinderzimmer. Dort ist sicher ein Bett frei. Oder Sie gedulden sich einfach, bis der Nachwuchs aus dem Haus ist. Irgendwann passiert das mit Sicherheit, und dann können Sie sich wieder ganz aufeinander konzentrieren. Denken Sie nur daran, wie romantisch das sein wird.
Darüber, ob man die Glut zu neuen Flammen entfachen kann, wenn der Ofen aus ist, gibt es geteilte Meinungen. Der amerikanische Paartherapeut John Gray behauptet, daß es mit Geschick, Geduld und Einfühlungsvermögen zu schaffen ist. Ich bin eher der Ansicht, daß nicht einmal mehr die bewährtesten Tricks helfen, wenn die Glut zur Asche geworden und erkaltet ist. Dann gibt es nur mehr den Abgang. Aber so weit wollen wir es doch nicht kommen lassen. Denn selbst wenn man ihn loswerden will, möchte man sich doch noch ein Hintertürchen offenlassen für den Fall, daß man es sich später anders überlegt, oder?
Bei Margit war es jedenfalls so. Früher waren sie und Robert lebensfroh. Aber dann kam ein Baby nach dem anderen, und nach dem dritten in sechs Jahren hatte der Ehealltag die beiden längst überrollt. Margit gab ihren Job in einer Boutique auf, als sie mit dem dritten Kind schwanger war. Sie und Robert hatten sich ausgerechnet, daß die Kindergartenkosten für zwei Kinder und der Hort für das Älteste fast Margits gesamtes Einkommen nach Steuerabzug verschlangen. Also konnte sie gleich zu Hause bleiben und sich um Kinder und Haushalt kümmern.
Die Zeit verging, die Kinder gingen ins Gymnasium und

brauchten in erster Linie gewaschene und gebügelte Wäsche, Gekochtes zum Essen und genügend Taschengeld, um die Freizeit zu finanzieren. Margit war fünfzehn Jahre älter und ausgebrannt. Ihre Haltung war gebeugt, sie lief den halben Tag in ihrem Morgenmantel und mit Lockenwicklern herum, während sie Geschirr und Wäsche wusch, putzte und vor dem Fernseher bügelte. Wozu auch sich schönmachen? Und vor allem, für wen? Es war ja ohnehin keiner zu Hause. Robert ging allmorgendlich gleichzeitig mit den Kindern weg und kam am Abend müde nach Hause. Weil Margit ja Hausfrau war, fühlte sie sich für den Haushalt voll zuständig und verlangte auch von den Kindern nicht viel Hilfe. Im Gegenteil – oft verbrachte sie ihre Spätnachmittage damit, ihnen bei den Schulaufgaben zu helfen. Die meisten anderen Kinder hatten Nachhilfestunden. Aber dafür war kein Geld übrig, und die Anforderungen in der Schule waren so hoch geworden, daß sie mit den Kindern Mitleid hatte.
Abends, während Margit sich um das Geschirr kümmerte und die Kinder sich oft immer noch mit Hausaufgaben quälten, schlief Robert regelmäßig vor dem Fernseher ein. Und wenn er einmal doch nicht eingeschlafen war, las er Zeitung und wollte sich entspannen. Margit, die außer ihrer Hausarbeit und den Schulproblemen der Kinder nicht viel erlebt hatte, wollte sich ebenfalls entspannen. Ihr hätte es sehr geholfen, mit Robert über die Probleme des Alltags zu sprechen, aber noch mehr Freude hätte es ihr gemacht, wenn sie andere gemeinsame Themen abseits vom Alltag gehabt hätten. Zum Beispiel die Planung eines netten Wochenendes oder ein gemeinsames Hobby. Er jedoch fand es entspannender, nicht reden zu müssen. Ihm ging ihre „Quatscherei", wie er es nannte, auf die Nerven, und sie fühlte sich durch sein Schweigen ungeliebt. Und so lebten sie zwar im selben Haushalt, teilten aber immer weniger Emotionen.
Auch die Leidenschaft war schon vor langem ins Hintertreffen geraten, und keiner kam auf seine Rechnung. Am Wochenende schliefen sie zwar ab und zu miteinander, aber

das war genauso Teil der ehelichen Routine wie die Bezahlung der monatlichen Miete. Insgesamt war Margit eine frustrierte, unscheinbare Frau geworden. Immer öfter kam es vor, daß sie sich dabei ertappte, an eine Scheidung zu denken. Ab und zu sprach sie sogar mit ihren Freundinnen darüber und überlegte sich, wie sie das Leben mit den Kindern ohne die Unterstützung ihres Ehemanns bewältigen könnte. Sie erkundigte sich auch nach Fortbildungskursen. Aber dann sah sie in den Spiegel, erblickte darin eine verbrauchte Frau, empfand die Situation als ausweglos und fügte sich wieder ihrem Schicksal. Was sollte denn Besseres nachkommen, dachte sie. Wer sollte sie schon wollen? Es war so, als sei das Licht in ihren Augen erloschen.

Aber dann kam die große Wende. Robert fuhr auf eine längere Geschäftsreise, was in letzter Zeit immer öfter geschehen war, und Margit hatte eine Einladung zu einem Klassentreffen. Zuerst wollte sie gar nicht hingehen, aber die Kinder waren ohnehin mit Freunden unterwegs, und die Hausarbeit war getan. Also raffte sie sich auf. Dort angekommen, konnte sie ihre ehemals beste Freundin Ruth kaum wiedererkennen. Noch beim Klassentreffen vor fünf Jahren war Ruth in derselben Situation gewesen wie Margit jetzt. Aber nun war sie eine andere Frau. Sie hatte eine flotte Frisur, eine aufrechte, stolze Haltung, kleidete sich ganz anders als früher, nämlich sexy – sogar zum Klassentreffen –, und schien einige Zentimeter gewachsen zu sein. Margit war sicher, es mußte ein anderer Mann im Spiel sein. Was sonst konnte jemanden so stark verändern. Aber diese Wette hätte sie glatt verloren.

Ruth freute sich über die Komplimente der ehemaligen Klassenkameraden und sagte, sie habe das Leben als Unscheinbare einfach satt gehabt. Margit aber vertraute sie die wahre Geschichte an. Vor zwei Jahren mußte Ruth erfahren, daß ihr Mann ein Verhältnis mit einer anderen hatte. Es war ein fürchterlicher Schock. Ihre Welt brach zusammen. Zuerst wollte sie sich aus dem Fenster stürzen, aber da waren noch die Kinder. Dann wollte sie ihren Mann um-

bringen, meinte sie halb im Scherz, aber da waren immer noch die Kinder, und außerdem wollte sie nicht den Rest ihres Lebens im Gefängnis verbringen. Also beschloß sie, ihr Leben zu ändern. Sie zog vorübergehend zu einer Freundin, die als Kassiererin in einem Striplokal arbeitete. Sie lernte sich zu schminken, lernte, sich sexy anzuziehen, und lernte strippen. Zwei Monate später hatte sie ihren eigenen Mann zurückerobert. „Männer wollen doch immer nur das eine, und da ist es ihnen auch bei der eigenen Frau recht, wenn es Spaß macht", meinte sie. Und nun war sie eine neue Frau. Margit war fasziniert. Die ehemals graue Maus Ruth hatte sich in eine quirlige, attraktive Frau verwandelt. Sie versprach Margit, ihr Nachhilfestunden zu geben.
Die nächsten Tage verbrachten Margit und Ruth damit, Margits Aussehen komplett zu verändern. Der Friseur verpaßte ihr eine Tönung und einen neuen Haarschnitt. Dann half Ruth, Margits Wäschekasten neu einzuräumen. Die Baumwollunterwäsche wanderte in den Abfalleimer und wurde durch Spitzenwäsche ersetzt. Und dann brachte Ruth ihr das Strippen bei. Anfangs war Margit schüchtern und unbeholfen. Aber bald machte es ihr Spaß. Sie hatte noch drei Tage Zeit, bis Robert von der Reise zurückkehrte.
Was Margit nicht wußte: Robert war mit seiner Kollegin Christine unterwegs, mit der sich schon vor geraumer Zeit ein Verhältnis angebahnt hatte. Er fühlte sich wie ein neuer Mann und freute sich gar nicht auf die Heimkehr in seinen grauen Ehealltag, den er nur dank seines Verhältnisses erträglich fand. Seine einzige Sorge war, daß Margit dahinterkommen würde, denn eine Scheidung wollte er trotz allem nicht. Christine aber hatte andere Pläne. Auch sie war in einer Lebensgemeinschaft verankert, hatte aber vor dieser Reise mit Robert ihrem Mann Gert das Verhältnis „gebeichtet" und wollte die Trennung. Sie hoffte, auch Robert würde diesen Schritt unternehmen, wenn sie frei wäre.
War es Zufall oder Fügung – am Abend vor Roberts Heimkehr ging Margit mit Ruth ins Kino und anschließend in eine kleine Bar. Dort trafen sie einen Freund von Ruth, der Gert

im Schlepptau hatte. Die beiden Männer hatten schon einige Wodkas genossen und waren redselig. Und weil es möglicherweise so sein mußte, erfuhr Margit an diesem Abend die Wahrheit über ihren Mann.
Anfangs war es ein Schock. Ruth, die ja ähnliches mitgemacht hatte, war eine gute Gesprächspartnerin in dieser Situation. Ihrer Ehe hatte das Verhältnis ihres Mannes einen neuen Schub gegeben, und sie versuchte Margit davon zu überzeugen, daß auch für sie genau dieser Schock nötig war, um ihr Leben zu überdenken.
Margit hatte eine schlaflose Nacht. Einerseits war sie wie gelähmt, andererseits sah sie endlich ein Licht am Ende des Tunnels. Bei Morgengrauen hatte sie einen Entschluß gefaßt und konnte nach langer Zeit endlich wieder einmal frei atmen. Sie hatte wieder eine Zukunft. Fröhlich pfeifend bereitete sie den Kindern das Frühstück. Das Teenagertrio hatte schon vor Tagen bemerkt, daß ein neuer Funken in ihre Mutter gefahren war, und freute sich riesig darüber, obwohl es den Anlaß nicht kannte.
Als Robert nach Hause kam, traute er seinen Augen nicht. Überall standen Blumen. Auf dem Tisch brannten Kerzen, und eine Flasche Champagner war eingekühlt. Aus dem Recorder kam romantische Musik, und in der Küche brutzelte ein köstlicher Braten. Margit war nirgends zu sehen. „Aha", dachte er. „Wir haben Gäste. Aber es ist doch nur für zwei aufgedeckt. Hat Margit vergessen, daß ich heute heimkomme?" Dann sah er eine fremde Frau beim Fenster stehen. Er war ganz erstaunt, als sie mit ausgebreiteten Armen auf ihn zukam. Erst dann erkannte er Margit.
Die Überraschung war mehr als gelungen. Margit kam nicht weiter als zur Hälfte ihrer Stripnummer. Gemeinsam erlebten sie eine Nacht wie schon seit vielen Jahren nicht mehr. Robert hatte völlig vergessen, daß er ja einmal eine attraktive, lebenslustige Frau geheiratet hatte. Er konnte es nicht fassen, daß sie sich in den zehn Tagen in das zurückverwandelt hatte, was sie früher einmal gewesen war. Und auch sie fühlte sich wie neugeboren. Plötzlich war sie wieder lebendig.

Beim Frühstück kam die zweite Überraschung. Margit hatte Robert gebeten, noch ein paar Minuten zu bleiben. Sie habe ein wichtiges Anliegen. Sie schickte die Kinder in die Schule, schenkte Robert eine zweite Tasse Kaffee ein und sagte ihm, daß sie sich scheiden lassen wolle. Er war wie vor den Kopf geschlagen. Das Verhältnis stritt er vorerst ab, mußte es aber zugeben, nachdem Margit erzählt hatte, von wem sie die Wahrheit erfahren hatte. Immer noch versuchte Robert, alles zu bagatellisieren, aber Margit war entschlossen. Im Gegensatz zu Robert, der eine Nacht lang euphorisch über Margits Verwandlung gewesen war und erstmals Gewissensbisse wegen seines Doppellebens hatte, fühlte sie sich befreit. Es war nicht Robert, der sie aus dem grauen Alltag gezogen hatte, sondern sie selbst hatte es mit Hilfe einer Freundin vollbracht. Also mußte sie Robert auch für nichts dankbar sein. Sie war froh, daß sie ihr altes Selbst wenigstens jetzt wiederentdeckte anstatt viele Jahre später, wenn es vielleicht zu spät gewesen wäre, um ein neues Leben zu beginnen.

Margit war Robert immer eine gute Frau gewesen und hatte sich nichts vorzuwerfen. Und deshalb konnte sie ihm seine Untreue nicht verzeihen. All ihre Hilferufe in der Vergangenheit hatte er ignoriert. Hätten sie gemeinsam versucht, wieder Feuer in die Beziehung zu bringen, wäre sie glücklich und dankbar gewesen. Aber die Tatsache, daß er sie in ihrem Elend allein gelassen und sich das Leben mit einer anderen Frau versüßt hatte, war Grund genug, ihn zu verlassen. Niemals wieder würde sie ihm Vertrauen schenken können. Niemals. Und für Margit war Vertrauen immer die Basis der Beziehung gewesen. Robert mußte es akzeptieren und war ein gebrochener Mann.

Christine und Robert waren nur kurze Zeit ein Paar. Erst jetzt realisierte er, daß seine Geliebte zwar das Salz in seiner Suppe mit Margit war, aber ohne Margit war er nicht vollkommen glücklich mit ihr und betrog sie schon nach wenigen Monaten des Zusammenlebens mit einer anderen Kollegin. Die Treue war für ihn ein relativer Begriff geworden, und ehe er sich irgend etwas zu dem Thema überlegte, hatte ihn Christine verlassen. Jetzt waren sie ihn alle los.

Auf einen Blick

- Verbannen Sie die lieben Kleinen nicht aus dem Schlafzimmer.
- Verlangen Sie von Ihrem Mann nicht, daß er Ihre Interessen teilt, und unternehmen Sie auch keine Anstrengungen, neue, gemeinsame Hobbies zu entdecken.
- Auch wenn die Kinder schon größer und flügge sind: Zeigen Sie sich nur als graue Hausmaus, und gönnen Sie es ihm nicht, an Ihrer neugewonnenen Freiheit teilzuhaben.

Kapitel 18
Die Singlefalle

Sie haben es geschafft! Sie sind ihn losgeworden. Jetzt haben Sie viel Zeit für sich selbst (und/oder die Kinder). Jetzt können Sie sich wieder auf Vorderfrau bringen. Machen Sie nicht den Fehler, ihm nachzutrauern. Sie wissen ja schon, wie es mit ihm ist. Ohne ihn ist es halt anders, was nicht heißen soll, daß es nicht genauso gut ist. Es ist eben anders gut. Viele Frauen trauern oft jahrelang einer Beziehung nach, ohne darüber nachzudenken, daß es auf der Welt Millionen Frauen gibt, die ohne Männer leben und trotzdem nicht unglücklich sind. Was auch immer Sie tun möchten, denken Sie nicht, es lohne sich nicht, es sei ja niemand da. Sind Sie denn niemand? Sind Sie es nicht wert? Glauben Sie mir, auch ohne Mann sind Sie eine ganze Frau. Auch ohne Mann ist es die Mühe wert, etwas Gutes zu kochen, den Tisch nett zu decken, einen Spaziergang zu machen, sich attraktiv anzuziehen, sich zu schminken und die Haare zu pflegen, ins Kino oder Theater zu gehen und sich am Leben zu freuen. Wenn alle Frauen, die entweder schon ein Leben lang Single sind oder zu einem wurden, ebenfalls denken würden, „es lohnt sich nicht“, wäre die Welt voll trauriger Frauen.

Erinnern Sie sich, wie es Ihnen ging, ehe der Frosch oder Märchenprinz in Ihr Leben trat. Glauben Sie mir, nichts ist wichtiger, als daß es Ihnen mit sich selbst gutgeht. Erst dann kann es allen anderen ebenfalls gut mit Ihnen gehen. Bei „allen anderen“ müssen Sie nicht unbedingt schon wieder an Männer denken. „Alle anderen“ inkludiert die Kinder, die Eltern, die Verwandten, die Freunde und Freundinnen, die Arbeitskollegen, einfach die restliche Welt. Selbstverständlich aber auch den nächsten Traummann. Daß dieser immer und überall lauert, daran müssen Sie sich gewöhnen. Egal, wie groß, wie klein, wie dick, wie dünn, wie blond, wie brünett, wie rot oder wie dunkel, egal, wie klug oder wie naiv, wie jung oder wie alt Sie sind, vor dem Traummann sind Sie nie sicher. Es gibt auf der Welt viele Männer, die genau so eine Frau suchen, wie Sie eine sind. Aber lassen Sie ja keinen an sich heran. Sie sind ihn doch gerade erst losgeworden, also genießen Sie sich doch endlich! Jetzt haben Sie Zeit, und Zeit ist das Kostbarste, das Sie auf der Welt besitzen.

„Loswerden“ muß nicht unbedingt heißen, daß Sie den ersten Schritt gemacht haben. Los ist los, egal, wer gegangen ist.

Jetzt haben Sie endlich Zeit für all die Dinge, die ihn nicht interessiert haben. Jetzt können Sie Ihre alten Freundschaften wiederaufleben lassen. Die, die Sie vernachlässigt haben, weil Sie sich eher seinem Freundeskreis angeschlossen haben, als ihn damals zu animieren, sich doch auch Ihren Freunden zu widmen. Aber damals hatten Sie zuviel Angst, er würde die Zeit trotzdem lieber mit seinen Freunden verbringen, und Sie hätten dann weniger von ihm. Er war aber auch immer sauer, wenn Sie sich einen Abend freinehmen wollten, um sich mit alten Freundinnen zu treffen, und hat dann immer gemeint, er könne sich ja ebenfalls mit alten Freundinnen treffen. Erinnern Sie sich? Also haben Sie einiges nachzuholen.

Jetzt können Sie endlich die Jeans oder Leggings anziehen, die ihm nicht damenhaft genug waren, oder das enge Kleid mit dem tiefen Ausschnitt, das er (nur an Ihnen!) zu ordinär fand. Jetzt können Sie endlich japanisch essen gehen, weil Ihnen die Stäbchen im Gegensatz zu ihm nicht zu mühsam sind, und Sie können sich eine Katze zulegen, weil Sie auf seine Allergie und auf mögliche Katzenhaare auf seinen Anzügen keine Rücksicht mehr nehmen müssen. Jetzt können Sie am Sonntag im Bett liegen bleiben, so lange Sie wollen, und keiner wartet, daß Sie aufstehen und entweder das Frühstück machen oder das schon zubereitete gerade dann essen, wenn Sie doch noch so gerne im Bett herumlungern und vielleicht die Wochenendzeitung in Ruhe lesen möchten.

Männer finden es übrigens toll, ein Single zu sein, und werden von jenen, die es nicht sind, häufig beneidet. Interessanterweise bezieht sich das nicht nur auf die Tatsache, daß Singles selbstverständlich größere Chancen bei Frauen haben und sich nicht auf eine bestimmte festlegen müssen, sondern sie genießen ihre Wohnungen, in denen nicht überall eine Frau „markiert" hat, sie genießen ihre Männerfreundschaften, sie genießen ihre Hobbies, von denen sie niemand abzuhalten versuchen kann, und sie genießen das Geld, das sie verdienen und das sie für sich ganz alleine ausgeben können, sogar wenn sie ab und zu ihre weiblichen Begleitungen zu einem Strauß Blumen, einem Abendessen, in ein Kino oder sogar auf ein Wochenende einladen. Aber prinzipiell betrachten sie es als „ihr" Geld, und recht haben sie. Warum sollte es bei uns Frauen anders sein? Noch dazu, wo wir ja die Chance haben, zu einem Strauß Blumen, einem Abendessen, in ein Kino oder sogar auf ein Wochenende eingeladen zu werden.
Jetzt können Sie endlich die Reisen machen, die er nicht machen wollte. Genauso ist es mit den Wochenendausflügen, die Sie sich immer gewünscht haben. Jetzt müssen Sie nicht mehr zurückstehen, weil er lieber daheim bleiben wollte, um ein Fußballmatch anzusehen. Damals hat er gemeint, Sie könnten ja alleine wegfahren, und Sie fragten: „Warum bin ich verheiratet, wenn ich alleine wegfahren muß?" Solche unnötigen Konversationen fallen jetzt zum Glück weg. Also ab ins Wochenende. Es gibt ungemein viele Angebote. Sie brauchen nur die Annoncen der Wochenendzeitungen durchzuschmökern oder in den Single-Treffs einen Aushang an der Schwarzen Tafel zu machen.
Apropos Single-Treffs – die gibt es überall, und sie sprießen wie Pilze aus dem Boden. Auch diese Treffs annoncieren regelmäßig in den Programmzeitschriften, und wenn Sie eines dieser Lokale besuchen, haben Sie eine gute Chance, von einem Gast andere, ähnliche Treffs genannt zu bekommen.
Aber jetzt ist höchste Vorsicht geboten, denn Gefahr ist in Verzug. Sie werden doch nicht glauben, daß sich nur Frauen

in Single-Treffs aufhalten. Niemals! Ganz im Gegenteil. Single-Treffs sind die allerauffälligsten Plätze, an denen sich Traummänner tummeln, die ihre Traumfrauen suchen. Aber gegen einen Rückfall gibt es nur ein einziges wirklich funktionierendes Rezept: Bleiben Sie zu Hause, und lassen Sie sich von nun an nur mehr Pizza ins Haus liefern. Aber Sie wissen – Vorsicht vor dem Pizzamann! Auch unter seiner Uniform kann sich der Märchenprinz verstecken.
Doch keine Angst. Auch für den Rückfall haben Sie gut vorgesorgt. Machen Sie es sich auf Ihrer Couch gemütlich, und beginnen Sie dieses Buch einfach wieder von vorne zu lesen.

Literaturnachweis

Joan Palmer, Hunde, Könemann

Patricia Allen, Sandra Harmon, Kein Mann für eine Nacht, Goldmann

Hans Jellouschek, Die Kunst, als Paar zu leben, Kreuz

Renate Daimler, Wie's den Männern mit den Frauen geht, dtv

Ellen Fein, Sherrie Schneider, Die Kunst, den Mann fürs Leben zu finden, Piper

Petra Durst-Benning, Her mit dem Mann, mvg

Paul Watzlawick, Vom Schlechten des Guten, dtv

John Gray, Men are from Mars; Women are from Venus, Thorsons

Shere Hite, Kate Colleran, Keinen Mann um jeden Preis, Piper